W0386459

Wirkungsvoll und positiv kommunizieren

Ziele setzen und Erfolge wahrnehmen

1
2
3
4

1 Die Basics für gutes Selbstmarketing

→ Wer möchte nicht wahrgenommen und geschätzt werden, Anerkennung für seine Qualitäten und Leistungen bekommen? Doch so ist es leider nicht immer. Viele Menschen möchten sich deshalb besser »verkaufen« und ihr Selbstmarketing aufpeppen. Das ist auch sinnvoll, denn wie man bei anderen ankommt, bestimmt man zu einem nicht unerheblichen Teil selbst.

Was ist gutes Selbstmarketing?

Beim Stichwort Selbstmarketing denken viele spontan und ausschließlich an Äußerlichkeiten wie beispielsweise sich möglichst geschickt und oft in Szene setzen, gewandte Rhetorik, makelloses und souveränes Auftreten in jeder Situation. Doch diese einseitige und unvollständige Betrachtung ist nicht sehr hilfreich. Denn einerseits lehnen gar nicht wenige Menschen Selbstmarketing prinzipiell ab, weil sie damit nur Negatives und Verwerfliches assoziieren (Ellbogenmentalität, großspuriges Auftreten oder mehr Schein als Sein), und vergeben so Chancen, weil sie sich zu wenig um ihre Außenwirkung kümmern. Andererseits eignen sich manche oberflächliche Techniken an, um sich »gut zu verkaufen« – und laufen damit Gefahr, sich selbst untreu zu werden, innere Unsicherheiten einfach zu übertünchen und auf andere künstlich oder gar arrogant zu wirken. Das ist schade, denn gutes – sprich bewusstes, durchdachtes und aktives – Selbstmarketing ist enorm Gewinn bringend.

Gutes Selbstmarketing hat durchweg positive Auswirkungen: Es stärkt Sie und hilft Ihnen dabei, in Ihrem Sinne bei anderen anzukommen und Ihre Möglichkeiten – sei es im Beruf oder im Privatleben – zu erweitern. Gutes Selbstmarketing engt Sie nicht ein und beschneidet Sie nicht in Ihrer Persönlichkeit – im Gegensatz zu rein äußerlichen Techniken. Gutes Selbstmarketing geht von innen nach außen. Man bleibt sich selbst treu, holt das Beste aus sich heraus UND präsentiert es vorteilhaft den anderen.

Richtiges und falsches Selbstmarketing

- (+) Seine Stärken und Qualitäten zeigen.
- (+) Seine Leistungen ins rechte Licht rücken.
- (+) Souverän mit anderen umgehen.
- (+) Offen, klar und direkt mit anderen kommunizieren.
- (+) Die eigenen Erwartungen, Wünsche und Ziele mitteilen.
- (+) Souverän mit Schwächen und Fehlern umgehen.

- (−) Immer die Klappe aufhaben und sich in den Vordergrund drängen.
- (−) Hochstapeln und so tun, als wüsste und könnte man alles.
- (−) Unfehlbar erscheinen wollen und deshalb Fehler und Schwächen vertuschen.
- (−) Mit den eigenen Stärken und Leistungen angeben.
- (−) Auf Kosten anderer »größer« erscheinen wollen.

Schlechtes Selbstmarketing baut lediglich eine Fassade auf, gutes Selbstmarketing bringt Ihre Persönlichkeit und innere Stärke zum Ausdruck.

Natürlich gehören Äußerlichkeiten wie geschickte Rhetorik oder gute Manieren zu gutem Selbstmarketing dazu. All das sind wichtige Bestandteile, aber sie kommen dann am besten zur Geltung und entfalten dann ihre stärkste Wirkung, wenn sie auf einem gesunden Selbstbewusstsein und innerer Sicherheit ruhen – und nicht nur aufgesetzt sind.

Gutes Selbstmarketing wirkt sich in zwei Richtungen positiv aus:

1 AUF EINEN SELBST, NACH INNEN

Es stärkt einen selbst, weil man weiß, was man will, im Einklang mit sich ist und vorhandene Ressourcen ausbaut.

2 AUF ANDERE, NACH AUSSEN

Es hilft, ein starkes und positives Image bei anderen aufzubauen.

Sie finden zum Beispiel heraus, dass Sie Ihr Licht in Besprechungen unter den Scheffel stellen, weil Sie sich kaum zu Wort melden. Sie beginnen an sich zu arbeiten, bereiten sich sehr gut vor, geben sich immer wieder einen Ruck und bringen sich öfter ein. So werden Sie immer besser und souveräner. Das wirkt sich zum einen positiv auf Ihr Selbstwertgefühl aus, zum anderen verändert sich aber auch das Bild, das Kollegen und Chefs von Ihnen haben, deutlich und nachhaltig.

Authentisch sein

Da Ihr Selbstmarketing Ihnen helfen soll, stärker und gelassener zu werden und Ihre besten Seiten zum Ausdruck zu bringen, muss es im Einklang mit Ihrer Persönlichkeit stehen. Sich nur oberflächliche Techniken anzueignen, andere nachzumachen und eine Fassade aufzusetzen ist zwar möglich, bringt einen aber nicht wirklich weiter. Viel besser ist es, sich selbst treu zu bleiben und »echt« zu sein.

Natürlich kommt es bei aller Authentizität darauf an, eine gesunde Balance zu finden. Die eigenen Stimmungen immer auszuleben, kein Blatt vor den Mund zu nehmen und sich nicht um die Wirkung auf andere zu kümmern ist vielleicht authentisch, aber keineswegs positiv – es kann sogar extrem schädlich sein. Es ist sehr wichtig, eine Echtheit zu finden, die gleichzeitig einem selbst und den Beziehungen zu anderen gut tut. Der erste Schritt dazu ist, sich selbst zu charakterisieren und die eigenen Wünsche und Bedürfnisse kennen zu lernen.

ÜBUNG

Bin das wirklich ich?

Wenn Sie daran denken, wie Sie – beruflich und persönlich – auftreten: Fühlen Sie sich wohl in Ihrer Haut? Sind Sie wirklich so, wie Sie sich nach außen geben? Finden Sie Ihr Verhalten gut? Entspricht es Ihren Werten? Notieren Sie ein paar Stichworte: Was ist gut, wo gibt es Diskrepanzen und wie würden Sie gerne sein?

Respektvoll mit anderen umgehen

Da Selbstmarketing immer in Bezug auf andere Menschen geschieht, spielen die Umgangsformen und die Gestaltung der zwischenmenschlichen Beziehungen eine sehr große Rolle. Gutes Selbstmarketing ist konstruktiv, auch wenn es um andere Menschen geht. Wie viel Interesse man Ihnen entgegenbringt, wie viel Raum und Anerkennung Sie von anderen bekommen, hängt wesentlich davon ab, wie respektvoll Sie mit anderen umgehen.

Gar nicht selten wird Selbstmarketing mit Strategien und Techniken assoziiert, wie man es anderen zeigen und sich in die beste Position rücken kann. Doch sich selbst auf Kosten anderer größer machen zu wollen ist negativ und destruktiv. Damit sind Misstrauen, Spannungen, Auseinandersetzungen und negative Gefühle vorprogrammiert. Und das hat auf Sie selbst und Ihr Umfeld gravierende Auswirkungen, wie etwa zum Beispiel:

- man steht unter Druck und muss immer aufpassen,
- man zeigt wenig positives Verhalten anderen gegenüber oder nur oberflächliche Freundlichkeit,
- andere haben nicht so gerne mit einem zu tun und gehen auf Distanz,
- man wird zunehmend ausgeschlossen.

So werden das Zusammenleben und die Zusammenarbeit sehr schwierig – und eine solche Situation ist kein guter Nährboden für das eigene Selbstmarketing.

Gute Beziehungen zu pflegen heißt natürlich nicht, dass Sie zu allem Ja und Amen sagen und sich alles gefallen lassen. Nein! Es geht darum,

- andere respektvoll zu behandeln **PLUS** Grenzen aufzuzeigen;
- freundlich, umgänglich und berechenbar zu sein **PLUS** sich klar und deutlich auszudrücken.

Wie Sie das im Alltag praktisch umsetzen können, erfahren Sie in den folgenden Kapiteln »Präsenz zeigen und Kompetenz vermitteln« (→ Seite 30 ff.) und »Wirkungsvoll und positiv kommunizieren« (→ Seite 66 ff.) im Detail.

Handlungsspielräume wahrnehmen und erweitern

Ihr Image bei anderen wird wesentlich davon mitbestimmt, mit welcher Einstellung und mit wie viel Elan Sie Dinge anpacken. Wer dazu neigt, eher passiv zu sein und abzuwarten, sich auf Probleme und Hindernisse konzentriert und selten selbst nach Lösungen sucht, wer nur das Nötigste macht und keine eigenen Ideen einbringt, erweist sich selbst einen Bärendienst. Erstens lassen Sie so

TIPP

Ihre Möglichkeiten

→ Fragen Sie sich immer: »Was kann ich direkt beeinflussen?« So können Sie die Situation analysieren, den Blick auf die eigenen Möglichkeiten fokussieren, sich auf die eigenen Ressourcen besinnen und Ziele setzen.

Ihre Potenziale verkümmern, was dem Selbstwertgefühl sehr schadet, also die innere Grundlage für gutes Selbstmarketing unterminiert. Zweitens signalisieren Sie dem Umfeld, dass Sie alles andere als eine interessierte und engagierte Persönlichkeit sind – was wiederum die Wahrscheinlichkeit senkt, Anerkennung und Wertschätzung zu erhalten.

Handlungsspielräume gibt es in den unterschiedlichsten Bereichen, Sie müssen sie sich nur bewusst machen. Hier ein paar Beispiele:

1. **DIE EIGENE ARBEIT**
   Wie Sie die Arbeitsabläufe und Ihren Tag organisieren, wie gut Sie die eigenen Aufgaben erledigen, wie motiviert Sie an Ihre unterschiedlichen Vorhaben herangehen.
2. **UMGANG MIT ANDEREN MENSCHEN**
   Wie offen Sie auf andere zugehen, ob und in welchem Tonfall Sie Positives wie Negatives ansprechen, was Sie über sich aussagen und wie Sie über sich selbst sprechen.
3. **INITIATIVE UND KREATIVITÄT**
   Wie viele Gedanken Sie sich machen, wie oft Sie eigene Vorschläge und Ideen ausarbeiten, wie Sie diese einbringen (auch unaufgefordert) und eventuell verteidigen.
4. **SCHWIERIGKEITEN UND VERÄNDERUNGEN**
   Wie Sie auf die jeweilige Situation reagieren, wie Sie dann damit umgehen, also ob Sie sich notgedrungen fügen oder die Probleme aktiv angehen.
5. **DAZULERNEN UND WEITERENTWICKLUNG**
   Wie Sie fachlich dazulernen, persönliche Schwächen ausgleichen und Ihre Stärken entwickeln.

Sich seiner Wirkung bewusst(er) werden

Obwohl man beim Stichwort Selbstmarketing gerne nur an Äußerlichkeiten denkt, spielt das eigene Innenleben die Hauptrolle. Um wirklich souverän, überzeugend und im Einklang mit sich selbst auftreten zu können – und nicht auf eine äußere Fassade angewiesen zu sein –, ist ein starkes inneres Fundament erforderlich. Es ist wichtig, dass Sie sich selbst gut kennen, über Ihre starken und schwachen Seiten Bescheid wissen und sich mit Ihren Möglichkeiten und Grenzen annehmen und respektieren.

Wie sehen Sie sich selbst?

Das so genannte Selbstkonzept, also wie Sie über sich selbst denken, wie sehr Sie sich schätzen und was Sie sich zutrauen, spielt eine Schlüsselrolle. Es schlägt sich in Ihren Gefühlen und Ihrem Verhalten nieder und bestimmt, wie wohl Sie sich fühlen, wie gut Sie Ihren Platz ausfüllen und auch wie sehr Sie Ihre unterschiedlichen Potenziale ausschöpfen und ausbauen.

Natürlich sollen Sie sich keine rosarote Brille aufsetzen und sich selbst einreden, in allen Bereichen super zu sein und alles meistern zu können: Das wäre ja das Gegenteil von gut und sinnvoll! Nein, es geht darum, ein grundsätzlich positives und faires Bild von sich zu haben, an sich selbst zu glauben und sich weiterentwickeln zu wollen.

Nehmen Sie Ihre Einstellungen sich selbst gegenüber unter die Lupe und überlegen Sie, wo Sie sich selbst den Wind aus den Segeln nehmen. Kommen Ihnen die folgenden Beispiele bekannt vor?

Hilfreiche und hinderliche Einstellungen

+ Ich kann und will lernen, immer besser zu reden!

− Ich kann einfach nicht gut reden!

+ Manche sind schlauer, manche weniger schlau, manche genauso schlau wie ich.

− Alle anderen sind schlauer als ich.

+ Ich habe bisher schon vieles gelernt. Bestimmt schaffe ich auch das.

− Das lerne ich nie!

Ersetzen Sie negative Gedanken durch realistische und positive.

Bestandsaufnahme: Wer bin ich und was kann ich?

Mit der Frage nach ihren Stärken und Schwächen tun sich interessanterweise viele Menschen sehr schwer. Über die starken Seiten zu sprechen, wird oft als Angeberei empfunden. Und über Defizite und Schwächen möchten viele entweder nicht einmal nachdenken oder sie stehen sich selbst extrem kritisch gegenüber und lassen kaum ein gutes Haar an sich. Beides hilft Ihnen nicht nur nicht weiter, sondern blockiert ein faires und realistisches Selbstbild und untergräbt zudem das Selbstwertgefühl.

Leider beschäftigen sich viele Menschen kaum mit sich selbst. Deshalb sind sich auch die wenigsten bewusst, was sie ausmacht und welche Qualitäten sie haben. Das können Sie für sich jetzt ändern.

Ihre starken Seiten

Die eigenen Stärken zu kennen ist eine wichtige Grundlage von erfolgreichem Selbstmarketing. Egal ob es um Gehaltsverhandlungen oder die Selbstpräsentation von Selbstständigen geht, die Frage nach Ihren Stärken stellt sich immer. Wenn Sie diese kennen, können Sie bewusstere Entscheidungen treffen, Ihre Stärken aktiver einsetzen und sich selbst besser und glaubwürdiger präsentieren.

Übrigens: Die wichtigste Stärke ist Humor! Damit können Sie die Arbeitsatmosphäre auflockern und aus allen Situationen Druck und Anspannung rausnehmen. Wer über sich selbst lachen kann, entwickelt sich am schnellsten und mühelos weiter.

ÜBUNG

Wie charakterisieren Sie sich?

Seien Sie auch hier möglichst genau. Belassen Sie es nicht bei allgemeinen Begriffen, sondern werden Sie konkret: Was genau meinen Sie damit? Wo stehen Sie? Verwenden Sie ein Extra-Blatt für ausführliche Notizen.

- Mit welchen fünf Eigenschaften würden Sie sich beschreiben?

  ___

- Wie wären Sie gerne? Warum?

  ___

- Wo sind Unterschiede zwischen »ist« und »soll«?

  ___

ÜBUNG

Was sind Ihre Stärken?

Machen Sie sich Ihre Stärken – und zwar sowohl die fachlichen als auch die persönlichen – bewusst. Verwenden Sie gegebenenfalls ein Extra-Blatt.

- Welche fachlichen Kenntnisse und Fähigkeiten haben Sie sich bisher angeeignet (Schule, Studium, Ausbildung, Beruf)?

  ___

- Was können Sie besonders gut? Wofür haben Sie ein besonderes Händchen? Denken Sie auch an Ihre Hobbys und Freizeitbeschäftigungen.

  ___

- Was haben Sie bisher schon alles erreicht? Welche Erfolge haben Sie bisher feiern können?

  ___

- Wofür wurden/werden Sie gelobt? Worum beneiden andere Sie vielleicht sogar? Wissen Sie, was genau andere damit meinen?

  ___

- Welche persönlichen Stärken haben Sie? Finden Sie mindestens 15 positive Eigenschaften! Was bedeuten diese Stärken genau (z.B. flexibel sein)?

  ___

- Warum sind andere Menschen gerne mit Ihnen zusammen? Welche Ihrer Charaktereigenschaften schätzen Ihre Freunde, Familie, Kollegen besonders?

  ___

- Was finden Sie toll an sich? Inwiefern sind Sie stolz auf sich?

  ___

Zu Ihrer Inspiration: Stärken von A–Z

analytisch
anpassungsfähig
gute Auffassungsgabe
Dinge auf den Punkt bringen
aufgeschlossen
aufmerksam
ausdauernd
ausgeglichen
natürliche Autorität
begeisterungsfähig
gute Beobachtungsgabe
belastbar
beharrlich
besonnen
charismatisch
kann delegieren
diplomatisches Geschick
direkt
diszipliniert
durchsetzungsfähig
ehrlich
entscheidungsstark
eigeninitiativ
hohe Eigenmotivation
einfühlsam
einsatzbereit
emotionale Intelligenz
empathisch
energetisch
engagiert
entschlossen
kann gut erklären
fleißig
flexibel
freundlich
hohe Frustrationstoleranz
Führungsfähigkeiten
geduldig
gelassen
Generalist
gerecht
gewissenhaft
glaubwürdig
kann Grenzen setzen
hilfsbereit
humorvoll
idealistisch
kann Impulse geben
ideenreich
interessiert
innovativ
intuitiv
kommunikativ
klar
klug
kontaktfreudig
hohe Konzentrationsfähigkeit
kreativ
kritikfähig
kann über mich selbst lachen
leistungsorientiert
lernbereit
lösungsorientiert
loyal
»multitaskingfähig«
mutig
neugierig
objektiv
offen
Organisationstalent
kann gut planen
positives Denken
pünktlich
vor anderen reden können
risikofreudig
sachlich
schnell und flexibel reagieren
selbstständig
selbstbewusst
(konstruktiv) selbstkritisch
sorgfältig
sprachbegabt
tatkräftig
teamfähig
Überzeugungskraft
unkompliziert
verantwortungsbewusst
kann gut verhandeln
vertrauenswürdig
zielstrebig
zuhören und verstehen können
Zusammenhänge erkennen können
zuverlässig

Ihre schwachen Seiten

Tun Sie sich einen Gefallen und setzen Sie sich konstruktiv auch mit den Eigenschaften auseinander, die Sie als Schwäche empfinden, und loten Sie aus, wo Sie Defizite haben. Gutes Selbstmarketing – so wie wir es verstehen – macht es richtiggehend erforderlich, sich intensiv mit seinen schwachen Seiten zu beschäftigen. Denn dann können Sie:

- die Schwächen ausgleichen und sich aktiv weiterentwickeln,
- bewusster Entscheidungen treffen,
- bei entsprechenden Fragen souverän antworten,
- im Alltag an neuen Gewohnheiten arbeiten.

ÜBUNG

Was sind Ihre Schwächen?

Beschäftigen Sie sich bewusst und intensiv mit Ihren schwachen Seiten:

- Welche fachlichen Defizite haben Sie? Was können Sie nicht so gut?
- Wie sieht es mit Misserfolgen und Rückschlägen aus? Wo sind/waren Sie weniger erfolgreich? Warum denken Sie das?
- Wo liegen Ihre menschlichen Schwächen? In welcher Hinsicht möchten Sie gerne ganz anders sein?
- Was schätzen andere weniger an Ihnen?
- In welchen Situationen kommen Sie immer wieder an Ihre Grenzen und reagieren anders, als Sie eigentlich möchten? Warum ist das so?

»Selbsterkenntnis ist der erste Weg zur Besserung«, heißt es ganz richtig, denn wenn man über sich Bescheid weiß, kann man viel leichter nicht nur reflexartig reagieren, sondern bewusst und angemessen. Schwächen zu haben ist ganz menschlich und normal. Aktiv und verantwortungsvoll damit umzugehen ist echte Stärke!

Wie nehmen andere Sie wahr?

Leider stimmt das Bild, das man von sich selbst hat, nicht immer mit dem überein, das andere von einem haben. Interessanterweise bekommen andere das, was man selbst als Schwäche sieht, oft gar nicht mit. Aber das, was man als eigene Stärke sieht, auch nicht. Das kann an zwei Dingen liegen: Entweder man vermittelt durch den Gesichtsausdruck, die Körpersprache, das Verhalten und die Kommunikation etwas anderes, als man will. Oder die anderen sehen einen falsch, also durch die eigene Brille verzerrt. Beides sollten Sie ins Kalkül ziehen.

Gar nicht selten wird man von anderen anders wahrgenommen, als man denkt. Um Ihre Wirkung auf andere besser kennen zu lernen, hilft der Perspektivenwechsel. Versuchen Sie dazu, sich in die andere Person hineinzuversetzen.

Nehmen wir an, Sie halten sich für offen und leicht zugänglich. Wenn Sie Ihr Verhalten jedoch aus dem Blickwinkel Ihrer Kollegen betrachten, zeigt sich Folgendes:

- Bei der Arbeit bin ich sehr konzentriert und ziehe deshalb oft die Stirn in Falten, was mir einen ernsten oder verstimmten Gesichtsausdruck verleiht.
- Smalltalk mag ich nicht, darum gehe ich den üblichen Schwätzchen in der Küche und auf dem Gang aus dem Weg.
- Ich bin jemand, der immer erst länger nachdenkt, bevor er einer Sache zustimmt. Um Informationen zu bekommen, spiele ich gerne den Advocatus Diaboli.

Fragen Sie Ihre Freunde, Familie und Kollegen, wie diese Sie sehen und was sie an Ihnen besonders schätzen. Und natürlich auch über die kritischeren Seiten. Sinnvoll ist es auch, einen Fragebogen auszuarbeiten und zu verteilen. Es ist dafür nicht wichtig, dass Sie jemand besonders gut oder lange kennt. Auch ein erster oder kurzer Eindruck kann Interessantes zutage fördern.

Was Sie für eine erfolgreiche Aktion beachten sollten:

- Bitten Sie darum, dass der Fragebogen auch wirklich ehrlich ausgefüllt wird – Sie sollten das extra betonen, weil sich sonst viele Menschen zu unkritisch oder einfach höflich-nichtssagend äußern.
- Machen Sie deutlich, dass Ihnen die Meinung oder Einschätzung wichtig ist – aber haben und vermitteln Sie auch Spaß.
- Verwenden Sie offene und geschlossene Fragen.
- Beschränken Sie sich auf wenige, für Sie wichtige Punkte.
- Vermeiden Sie »Bewertungssysteme« wie Schulnoten – besser sind ja/nein und Smileys ☺ 😐 ☹, denn viele Menschen haben ein Problem damit, jemanden zu »bewerten«.
- Füllen Sie den Fragebogen auch selbst aus, damit Sie Eigen- und Fremdeinschätzung vergleichen können.

Auf der gegenüberliegenden Seite finden Sie ein Beispiel.

- EINLEITUNG: Tragen Sie bei »Fragebogen für …« Ihren Namen ein und unterschreiben Sie unter »Herzlichen Dank«.
- PUNKT 1: Listen Sie die Eigenschaften auf, die Ihnen wichtig sind.
- PUNKT 2: Fragen Sie nur Menschen, die Ihnen ganz offen Feedback geben, auch in punkto »Schwächen«. Oder umschreiben Sie das Wort »Schwächen«, etwa: Welche fünf Punkte könnte ich verbessern?
- PUNKT 3: Durch solche spielerischen Fragen erfahren Sie mehr – und vielleicht auch Überraschendes.
- PUNKT 4: Lassen Sie Sätze vervollständigen, dann erfahren Sie etwas über sich selbst und darüber, was der Person besonders wichtig ist.

FRAGEBOGEN

Fragebogen für ______________________

Hallo! Ich bitte dich um deine Hilfe. Ich möchte gerne deine ehrliche Meinung über mich wissen. Sei so nett und beantworte mir die folgenden Fragen.

Herzlichen Dank

____

1. Ein paar Eigenschaften	☺	😐	☹
kann gut zuhören			
zuverlässig			
...			

Kannst du mir zu einem dieser Punkte noch etwas Genaueres sagen?

____

2. Meine 5 Stärken aus deiner Sicht!	Meine 5 Schwächen aus deiner Sicht!
1.	1.
2.	2.
3.	3.
4.	4.
5.	5.

3. Was denkst du?

Wenn ich ein Tier wäre, wäre ich ______________________,

weil ______________________

Wenn ich eine Farbe wäre, wäre ich ______________________,

weil ______________________

Wenn ich ein Musikstück wäre, wäre ich ______________________,

weil ______________________

4. Was würdest du mir raten/mir wünschen?

Ich würde dir wünschen, dass ______________________

Ich könnte mir gut vorstellen, dass ______________________

Ich wollte dir schon immer mal sagen, dass ______________________

Fitness und Aussehen zählen

Nur wenn wir uns in unserer Haut wohl fühlen, können wir erst so richtig selbstbewusst auftreten. Wer unsicher ist, weil er mit seinem Aussehen nicht zufrieden ist, wem es nicht gut geht oder wer unausgeglichen ist, weil er sich zu wenig bewegt oder seinem Körper nicht zuführt, was dieser braucht, der kommt leicht aus der Balance.

Selbstverständlich transportiert unser Aussehen ganz bestimmte Eigenschaften. Frisur, Gestik, Mimik, Haltung, Kleidung – all das erzählt anderen sehr viel über uns, und unser Gesamtbild führt zwangsläufig dazu, dass andere daraus Rückschlüsse ziehen.

Rundum gesund

Ganz klar, wenn man richtig krank ist, dann wirkt sich das auf die Präsenz aus. Schmerzen führen zu Anspannungen und psychischer Belastung. Die Ausstrahlung leidet, die Stimmung ist gedrückt oder das Nervenkostüm ist einfach dünner. Bitte denken Sie aber nicht nur an »richtige« Krankheiten – es kommt auch zu Schlappheit, Energielosigkeit und Gereiztheit, wenn man sich nicht gut um sich selbst kümmert. So leiden beispielsweise sehr viele Menschen unter regelmäßigen Kopfschmerzen, die dadurch ausgelöst werden, dass sie zu wenig trinken. Auch unregelmäßige, hastige und falsche Ernährung und zu wenig Ruhe und Entspannung führen zu Raubbau am eigenen Körper.

Selbstbewusstsein, Leistungsfähigkeit und Zufriedenheit hängen enorm davon ab, wie gut wir uns um unseren Körper kümmern. Zu dieser Thematik finden Sie zahlreiche Buchempfehlungen im Anhang.

Ein positives Körpergefühl entwickeln

Wir haben sehr viele Möglichkeiten, das Beste aus uns zu machen. Dennoch: Wer seine Beine zu kurz findet, muss damit leben. Und auch wenn man durch Sport und Ernährung seinen Körper formen kann, so wird aus einer eher stabileren Person nie ein Elfchen und ein hagerer dünner Typ wird nicht zum Schrank.

Mit dem eigenen Körper zu hadern ist für die meisten Menschen an der Tagesordnung. Doch ständiges Hadern nützt nicht nur gar nichts, sondern verstärkt die Unzufriedenheit noch. Ganz abgesehen davon, dass diese einem auch die Energie raubt, etwas aktiv zu verändern.

ÜBUNG

Wie zufrieden bin ich mit mir?

Fangen Sie gleich damit an, konstruktiver mit sich umzugehen. Der erste Schritt führt über eine Bestandsaufnahme, gehen Sie Ihren Körper von oben nach unten durch. Studieren Sie Ihr Gesicht. Was finden Sie besonders gut? Was gefällt Ihnen nicht? Wie steht es um Ihre Silhouette und Ihr Gewicht? Seien Sie konstruktiv und machen Sie eine differenzierte »Inventur«. Vielleicht sind Sie unglücklich, weil Sie sich für zu dick halten, aber Ihre strahlenden Augen sind sehr hübsch und Sie haben tolle Locken. Kurz: Finden Sie ganz konkret heraus, was Sie an sich mögen und was Sie lieber verändern möchten.

Genau wie die verschiedenen Themen von Persönlichkeitsentwicklung und Selbstmanagement gehört auch die Zufriedenheit mit sich selbst und dem eigenen Körper zu den Dingen, denen man erst mal auf den Grund gehen muss. Nach Ihrer »Inventur« können Sie dann die Areale identifizieren, mit welchen Sie zufrieden sind, und jene, mit welchen Sie entweder umzugehen lernen oder an denen Sie spezifisch arbeiten und etwas verändern. Denn innere Unzufriedenheit, ein Ablehnen von sich selbst und ewiges Herumkritisieren führen erst recht dazu, dass man Unsicherheit konserviert und Ausstrahlung und Präsenz leiden.

Wer etwas verändern möchte, wird Zeit und Energie dafür investieren müssen. Doch auch das gehört zu Ihrem »Projekt besseres Selbstmarketing« – Ihr Wohlbefinden und Ihr Körpergefühl haben unmittelbaren Einfluss auf Ihre Lebensqualität. Die Anstrengung, die Sie dafür aufwenden, lohnt sich und das Aufraffen dient der wichtigsten Person in Ihrem Leben: Ihnen!

TIPP

Wie Sie Ihr Körpergefühl verbessern können

→ Im Anhang finden Sie auch hierzu empfehlenswerte Literatur. Wenn Sie Ihre Ernährung überprüfen oder umstellen möchten, dann nehmen Sie am besten eine individuelle Ernährungsberatung in Anspruch. Viele Krankenkassen bieten diesen Service kostenfrei an. Wenn Sie Ihre Fitness auf Vordermann bringen oder Gewicht verlieren möchten, dann könnten Sie Sport in der Gruppe (Fitnessstudio oder VHS-Kurse) beginnen, um am Ball zu bleiben. Oder aber Sie leisten sich ein Personal Training. Gerade um den inneren Schweinehund zu besiegen und auch, um zielgerichtet und richtig zu trainieren, hilft es, sich anderen zu verpflichten und sich begleiten zu lassen.

Frisur und Kleidung

Sie werden hier keinen empfohlenen Dresscode für das perfekte Selbstmarketing finden, denn Kleidung ist Ausdruck Ihrer Persönlichkeit und sollte darum auch immer so individuell sein, wie Sie sich darin wohl fühlen. Doch natürlich sollten Sie sich auch bewusst sein, dass man durch Kleidung anderen bestimmte Eigenschaften vermittelt und sich das wiederum auf Beziehungen und gerade auf neue Kontakte auswirkt.

So fühlt sich zum Beispiel eine selbstständige Trainerin am wohlsten mit Jeans und T-Shirt. Sie schminkt sich nicht und stylt auch ihre Haare nicht sonderlich. Das führt dazu, dass sie sehr viel jünger aussieht und auch nicht businessmäßig wirkt. Das ist so lange in Ordnung, wie sie sich der möglichen Konsequenzen bewusst ist: Dass die Hürde, die eigene Kompetenz zu beweisen, größer sein kann, weil sie von manchen Kursteilnehmern zunächst skeptischer beäugt wird.

Kleidung kann Professionalität und Sorgfalt ausdrücken, sie kann dazu führen, dass man etwas Distanz zum Gegenüber aufbaut, sie kann leger und locker wirken und vieles mehr. Und natürlich ist Kleidung auch dafür verantwortlich, wie selbstsicher man sich bewegt. Fühlt man sich schön und attraktiv, geht man viel aktiver nach außen. Kommt man sich eher »verkleidet« vor oder sitzt die Kleidung nicht richtig, ist man eher unsicher.

Das gilt übrigens auch dann, wenn man sich gegenseitig gar nicht sieht, beispielsweise am Telefon.

Für so genannte Homeworker ist wichtig: Das eigene Gefühl und auch das Auftreten werden dadurch beeinflusst, wie man am Schreibtisch sitzt. Mit alter bequemer Jogginghose und strumpfsockig fühlt man sich anders als »ordentlich« angezogen und mit Schuhen. Und die innere Stimmung hat dann auch Einfluss darauf, wie man klingt. Probieren Sie es aus.

Sicher haben Sie auch schon davon gehört, dass man sagt, schöne Menschen seien erfolgreicher und hätten es generell leichter. Auch wenn wir diese pauschale Aussage so nicht bestätigen können, so ist es absolut richtig, dass man sich anders durchs Leben bewegt und auch selbstbewusster und aktiver auftritt, wenn man mit sich selbst zufrieden ist. Die daraus resultierende Ausstrahlung und Aktivität führen wiederum dazu, dass man mehr für sich erreicht.

Überlegen Sie, ob Sie vielleicht eine individuelle Stilberatung in Anspruch nehmen wollen. Dort erfahren Sie, was Ihnen besonders gut steht beziehungsweise Sie können sich einen ganz neuen Stil zulegen, wenn Ihnen der Sinn nach Veränderung steht.

Auch Networking hilft

In den letzten Jahren ist »Networking« zu einem richtigen Trend geworden. Und tatsächlich ist das aktive, überlegte und zielgerichtete Knüpfen und Nutzen von Kontakten eine wichtige und hilfreiche Zutat für gutes Selbstmarketing.

Zuerst Kontakte knüpfen...

Es spielt eine große Rolle, mit welcher Absicht und Motivation Sie Kontakte zu anderen Menschen knüpfen – und wie Sie sie nutzen. Auch das prägt nämlich das Bild, das Sie bei anderen hinterlassen, und bestimmt mit, wie gerne man mit Ihnen zu tun hat. Wer in den Verdacht kommt, egoistisch und berechnend zu sein, dem nutzt auch ein großes Netzwerk nicht viel.

Es ist sehr wichtig, den Gedanken und (Vor)Urteilen auf die Spur zu kommen, die einen daran hindern, von sich aus und locker auf andere zuzugehen. Denn erst dann kann man sie durch konstruktivere und realistischere Überlegungen ersetzen. Gehen Sie einfach von sich selbst und Ihren eigenen Bedürfnissen und Wünschen aus. Sie können sich beispielsweise daran erinnern: Nicht nur Sie selbst möchten andere Leute kennen lernen, sondern auch die anderen haben diesen Wunsch. Nicht nur Sie selbst haben erst mal »Berührungsängste«, vielen anderen geht es genauso. Auch andere warten darauf, angesprochen zu werden.

TIPP

Kontakte knüpfen

→ Nutzen Sie die verschiedensten Gelegenheiten in Ihrem Alltag, um mit anderen in Kontakt zu kommen und sich – wenn auch nur kurz und oberflächlich – zu unterhalten. So werden Sie erstens erleben, dass die meisten Menschen offen für ein Gespräch sind. (Und eine negative Reaktion muss ja nicht an Ihnen liegen, vielleicht hat der andere einfach einen schlechten Tag.) Zweitens trainieren Sie so Ihre Fertigkeit, auf andere zuzugehen, und das stärkt Ihr Selbstbewusstsein und Ihre kommunikativen Fähigkeiten.

Hier ein paar grundsätzliche Anregungen, was Sie tun können, um einen guten Einstieg zu finden:

1 OFFEN UND FREUNDLICH SCHAUEN

Durch einen freundlichen Gesichtsausdruck signalisieren Sie anderen prinzipiell, dass Sie offen und zugänglich sind und dass man Sie ansprechen darf. Dadurch machen Sie es Ihrem jeweiligen Umfeld leicht, auf Sie zuzugehen und Kontakt zu Ihnen aufzunehmen. So kann es passieren, dass Sie gar nicht selbst den ersten aktiven Schritt machen müssen, sondern andere Leute von sich aus auf Sie zukommen.

2 SICH AN DEM BETEILIGEN, WAS UM EINEN PASSIERT

Je präsenter Sie sind und je mehr Interesse Sie für Ihr Umfeld zeigen, umso leichter kommen Sie in Kontakt mit anderen. Wenn Sie beispielsweise neben einer Gruppe von Leuten stehen, die sich unterhalten (am Arbeitsplatz, auf einer Fortbildung, in der Kantine oder bei einer Party), können Sie Blickkontakt aufnehmen oder jemandem zunicken, der gerade etwas sagt, was Ihrer Meinung entspricht. Allein dadurch können Sie bewirken, dass Sie in die Gruppe eingebunden werden und Zugang zu anderen finden.

3 DAS GESPRÄCH MIT ETWAS NAHELIEGENDEM BEGINNEN

Es gibt immer etwas, das man ansprechen kann, wenn man zu einer anderen Person Kontakt aufnehmen möchte. Zum Beispiel: der neue Trainingsplan im Fitnessstudio, um mit einem anderen Mitglied ein Gespräch zu beginnen; der Aufzug, der wieder funktioniert, um mit dem Nachbarn in Kontakt zu kommen; der gerade gehörte Vortrag, um sich bei einer Veranstaltung mit anderen auszutauschen. Überlegen Sie, was in der jeweiligen Situation für die Person relevant ist, mit der Sie Kontakt aufnehmen wollen. Und damit steigen Sie ein.

Sie werden es erleben: Wenn Sie offen und interessiert mit anderen um- und auf sie zugehen, kommen Sie schnell und leicht mit ihnen ins Gespräch. So schaffen Sie nicht nur die Voraussetzugungen, um Ihr persönliches Netzwerk zu erweitern, sondern Sie machen Ihr Leben insgesamt lebendiger und reicher, weil Sie mit den verschiedensten Menschen in Berührung kommen.

... dann Kontakte nutzen

Wie Sie Kontakte nutzen – wie viel Interesse an anderen Sie zeigen, mit wie viel Feingefühl Sie um Rat fragen oder um einen Gefallen bitten, wie Sie sich revanchieren –, all das hat große Auswirkungen darauf, was andere von Ihnen halten.

Hier ein paar Anregungen, wie Sie Ihre Kontakte im eigenen Sinne und dem der anderen nutzen können:

- **ANDERE UM RAT FRAGEN** – das ist gleichzeitig auch ein Akt der Anerkennung und Wertschätzung.
- **ANDERE UM KONTAKTE BITTEN**, beispielsweise bei der Suche nach Informationen, Arbeit oder Aufträgen.
- **EIGENE KONTAKTE WEITERGEBEN**, also andere eigene Kontakte nutzen lassen; entweder direkt weitergeben oder selbst als Mittelsmann fungieren. Wenn Sie beispielsweise mitbekommen, dass jemand in Ihrem Umfeld krank ist und Sie einen guten Arzt oder eine alternative Behandlungsart kennen, können Sie die Person darauf ansprechen und ihr eine Empfehlung geben.

Ihre Motivation zur Veränderung

Vielleicht sind Sie nur irgendwie nicht zufrieden mit Ihrem bisherigen Selbstmarketing, haben aber noch keine Vorstellung davon, wo genau es hakt und wo Sie aktiv werden möchten. Die Frage nach der Motivation, also was Sie damit erreichen wollen, ist wesentlich. Denn davon hängt ab, in welchem Bereich Sie an sich arbeiten und etwas verändern sollten. Häufige Wünsche sind:

- öfter um die eigene Meinung gefragt und in Entscheidungen eingebunden zu werden,
- mehr Bedeutung im sozialen Miteinander zu haben,
- mehr Verantwortung übertragen zu bekommen,
- eine Beförderung,
- sich besser auszudrücken und überzeugender argumentieren zu können,
- mehr Anerkennung,
- gemocht zu werden.

Was sind Ihre persönlichen Ziele, weshalb Sie zu diesem Buch gegriffen haben? Was genau versprechen Sie sich davon, wenn Sie an sich arbeiten und die Dinge anpacken, mit denen Sie noch nicht so zufrieden sind? Bitte konkretisieren Sie, was Sie jeweils genau meinen. Wenn Sie beispielsweise »mehr Anerkennung« anstreben, ist es sehr wichtig, ganz klar zu definieren, was das für Sie bedeutet: Wie äußert sich »mehr Anerkennung« für Sie? Woran konkret merken Sie, dass andere Sie anerkennen? Ohne diese Präzisierung ist es schwierig, gezielt auf eine Veränderung hinzuarbeiten.

Wenn Sie sich klar gemacht haben, warum Sie Ihr Selbstmarketing verbessern möchten und in welchem Bereich, sollten Sie sich damit beschäftigen, womit Sie sich bisher selbst Steine in den Weg gelegt haben beziehungsweise welche Defizite Sie ausgleichen sollten.

Nehmen wir an, jemand hat das Gefühl, zu selten in Entscheidungen eingebunden zu werden. Das kann verschiedenste Ursachen haben. Es ist jedoch wichtig, die zutreffenden Gründe herauszufiltern und zu benennen, um dann jeweils mit der besten Strategie reagieren zu können.

» MÖGLICHE GRÜNDE	SINNVOLLE STRATEGIEN
zu wenig fachliches Know-how vorhanden	fachliche Defizite gezielt ausgleichen
zeigt seine Expertise zu wenig	zeigen und kommunizieren, was man kann
kann nur schlecht mit kritischem Feedback umgehen	Fähigkeit steigern, mit Kritik souveräner und konstruktiver umzugehen
tritt als Bedenkenträger und nicht lösungsorientiert auf	lernen und üben, die Bedenken besser zu vermitteln und auf Lösungen zu achten
bringt keine oder schlecht durchdachte eigene Vorschläge ein	aktiv eigene Ideen ausarbeiten und gut durchdenken
hat grundsätzlich keinen so guten Draht zu den anderen	die zwischenmenschlichen Beziehungen zu den anderen verbessern

Je mehr Klarheit Sie darüber haben, aus welchem Grund Sie mit Ihrem bisherigen Selbstmarketing nicht zufrieden sind, welche Ziele und Erwartungen Sie haben, in welche Richtung Sie sich weiterentwickeln und was konkret Sie unternehmen wollen, umso leichter wird es Ihnen fallen, aktiv zu werden und Fortschritte zu machen. Eine Schritt-für-Schritt-Anleitung zur Verwirklichung Ihrer Ziele finden Sie in »Ihr Fahrplan für Veränderungen« (→ Seite 118).

Eine wichtige Voraussetzung ist auch, dass die Motivation aus Ihnen selbst kommt und Sie wirklich davon überzeugt sind. Bitte lassen Sie sich nicht von anderen Leuten etwas aufschwatzen, sondern setzen Sie sich Ihre eigenen Ziele und gehen Sie den Weg, der zu Ihnen passt.

AUF EINEN BLICK

Die Basics für gutes Selbstmarketing

- → Gutes Selbstmarketing hat nichts mit Angeberei und äußerer Fassade zu tun, sondern beruht auf einem starken inneren Fundament.
- → Um innerlich stark zu sein, muss man sich selbst gut kennen.
- → Unwohlsein und Raubbau am eigenen Körper sind ein Hindernis für gutes Selbstmarketing, denn sie wirken sich auf das Nervenkostüm, das Selbstbewusstsein und damit auch auf das Auftreten aus.
- → Sehr wichtig ist der respektvolle Umgang – mit sich und anderen. Damit ist nicht Unterwürfigkeit oder »Kuschelkurs« gemeint, sondern Achtung.
- → Häufig strahlen wir etwas ganz anderes aus, als wir beabsichtigen. Nur wenn man sich dieser Unterschiede bewusst wird, kann man aktiv daran arbeiten.
- → Gutes Selbstmarketing ist ein Prozess, der nie aufhört: auf sich selbst achten, sich die Außenwirkung bewusst machen und sich weiterentwickeln.

Präsenz zeigen und Kompetenz vermitteln

→ Taten sagen mehr als Worte. Dieses Sprichwort gilt erst recht für gutes Selbstmarketing. Denn das Verhalten reflektiert immer auch die Persönlichkeit. Ihre Umwelt schließt aus dem, was Sie tun und wie Sie auftreten, auf Ihre Eigenschaften und Fähigkeiten. Aber nur Mut! Es gibt einiges, was Sie tun können, um ganz gezielt das auszustrahlen, was Ihnen wichtig ist.

Zeigen Sie Profil!

Die Grundlage dafür, bewusster und präsenter aufzutreten, ist zu wissen, wer man ist und was man kann. Wie Sie sich darüber Gewissheit verschaffen können, haben Sie bereits im ersten Kapitel erfahren (ab → Seite 4). Doch setzen wir uns zunächst etwas näher mit dem Begriff »Image« auseinander.

Als Image wird das – oft gefühlsbetonte – Vorstellungsbild bezeichnet, das Menschen von einer Person, Firma oder Organisation haben. Im Marketing bemüht man sich mittels Öffentlichkeitsarbeit oder Werbung, ein bestimmtes »Image« einer Person oder eines Produktes zu erschaffen. Wie Sie sehen, ist Ihr Image eine Sache von Selbsteinschätzung und Fremdeinschätzung.

Das Bild wird auch davon beeinflusst, wie Sie sich selbst nach außen geben und was andere von Ihnen halten und über Sie sagen. Dieses Image ist jedoch nicht in Stein gemeißelt. So kann es sein, dass verschiedene Personen Ihres Umfelds Sie völlig unterschiedlich erleben. Und es kann auch eine Momentaufnahme sein, so gibt es die selbstbewusste Karrierefrau, die im Beisein einer bestimmten Sorte Mensch plötzlich total fahrig und verunsichert wirkt. Oder den eher analytischen Kollegen, der heute einen schlechten Tag hat und völlig wirr erscheint.

Damit Sie Ihr Auftreten bewusster gestalten können, lassen wir die »Tagesform« außen vor und wenden uns hauptsächlich einem guten Fundament zu. Verlangen Sie auch in punkto Selbst-PR nicht von sich, immer perfekt zu sein! Es wird immer wieder Situationen geben, in denen Sie anders auftreten, als Sie »eigentlich« sind.

Ein authentisches Image

Oberflächlich betrachtet könnte man einen Konflikt sehen: Ist denn ein Image nicht immer irgendwie aufgesetzt? Kann (und sollte) man im Beruf überhaupt »echt« sein?

Das größte Problem ist für viele, dass man sie nicht richtig einschätzt:

- »Ich werde unterschätzt/man traut mir zu wenig zu.«
- »Ich werde überschätzt/man traut mir zu viel zu.«

Wie kommt das zustande? In erster Linie dadurch, dass die Person nicht deutlich genug nach außen zeigt, wie sie »wirklich« ist.

So berichtet zum Beispiel eine Mittdreißigerin: »Alle Welt hält mich für wahnsinnig patent und selbstbewusst. Ständig bekomme ich Projekte und noch mehr Verantwortung – dabei möchte ich am liebsten losheulen. Ich schaffe zwar immer irgendwie alles, fühle mich aber völlig unter Druck und kann oft nicht schlafen. Belohnt werde ich dann mit noch mehr Verantwortung, was die Situation für mich weiter verschärft. Mein Chef glaubt sicher noch, er tut mir einen Gefallen ...«

Hier vermittelt jemand sehr große Kompetenz. Und hat sie sicherlich auch, denn sonst würden nicht immer gute Ergebnisse produziert. Dennoch passen Selbstbild und Fremdbild nicht zusammen. So entsteht nach außen das Bild einer erfolgreichen, tollen Macherin, die Mitarbeiterin jedoch bewegt sich zunehmend in einem Teufelskreis.

AUTHENTIZITÄT bedeutet, anderen einen Einblick zu gewähren, wie es in einem drinnen aussieht. Die eigenen Vorzüge, Eigenschaften und Überlegungen zu vermitteln, aber auch Zweifel oder Unsicherheiten selbstsicher zu formulieren (→ Seite 7 ff.).

PRÄSENTER zu sein heißt, andere auf sich aufmerksam(er) zu machen, auf die gesamte Person, aber auch auf ganz bestimmte Eigenschaften, Fähigkeiten und Interessen. Denn was andere nicht wahrnehmen, können sie weder anerkennen noch nutzen.

ÜBUNG

Wie präsent sind Sie?

Denken Sie an einige Gesprächssituationen aus der letzten Zeit. Wie schätzen Sie sich selbst ein: Sind Sie »deutlich sichtbar« oder halten Sie sich ganz bewusst im Hintergrund? Bringen Sie sich aktiv in Gespräche ein? Oder antworten Sie nur dann, wenn Sie dazu aufgefordert werden?

____

____

____

____

Anerkannt und kompetent

Jeder strebt nach Anerkennung und wünscht sich, von anderen – persönlich und fachlich – für kompetent gehalten zu werden. Vielleicht haben Sie die folgende Situation schon einmal selbst erlebt: Sie sprechen mit einem Anrufer und kommen zu keiner Einigung. Der Anrufer verlangt, dass Sie ihn mit Ihrem Vorgesetzten verbinden. Ein klarer Tiefschlag für das Selbstbewusstsein. Auch wenn es, rein objektiv betrachtet, nicht so wichtig ist oder wenn man weiß, dass man selbst im Recht war oder dass der Chef hinter einem stehen wird: Hier geht es um's Prinzip. Der andere hat Sie offenbar für nicht kompetent genug erachtet, genug zu wissen oder entscheiden zu können.

Auch wenn derlei Situationen immer individuell zu betrachten sind, so ist eines sicher: Es gibt Menschen, denen passiert das nicht. Darum ist es immer wichtig, sich nicht nur zu ärgern oder sich zurückgestoßen zu fühlen, sondern in erster Linie zu überprüfen:

- Wie ist dieses Gespräch genau verlaufen?
- Wie habe ich mich verhalten?
- Wie habe ich formuliert?
- Wie schätze ich, rückblickend, meine Wirkung ein?

Kompetenz ist weit mehr als reines Fachwissen. Geläufig sind folgende Aspekte von Kompetenz: Selbstkompetenz, Fachkompetenz, Methodenkompetenz und soziale Kompetenz.

Viele wichtige Grundlagen von Selbstkompetenz haben wir im ersten Kapitel besprochen, wie wichtig es etwa ist, die eigenen Stärken und Schwächen zu kennen, sich selbst motivieren zu können, aber auch sich in Frage zu stellen oder konstruktiv mit Kritik umzugehen.

Die Fachkompetenz – inklusive der Methodenkompetenz – und die soziale Kompetenz sehen wir uns nun etwas genauer an.

Eine kompetente Person

1. WEISS BESCHEID

   … kennt ihre Grenzen, kann zugeben, wenn sie etwas nicht weiß, interessiert sich für Neues und Verbesserungsvorschläge und kümmert sich um Lösungen.

2. BILDET SICH WEITER

   … aber nicht nur, was ihr Fachgebiet angeht, sondern vor allen Dingen auch, was die Interaktion mit anderen betrifft.

3. WEISS, WIE SIE IST UND WAS SIE KANN

   … lernt gerne dazu und hinterfragt sich stets selbst.

4 ZEIGT, WAS SIE KANN

... sie packt an, achtet auf eine gute Selbstorganisation und bringt sich aktiv ein.

Fachkompetenz richtig einsetzen

In unseren Selbstmarketing-Kursen haben wir immer wieder Teilnehmer und Teilnehmerinnen, die sich wie die Wilden in Weiterbildung stürzen. Wir bekommen immer wieder Aussagen zu hören wie: »Gemessen an den Abschlüssen der Kollegen fühle ich mich außen vor, also hole ich das Abitur nach ...« »Mein Chef gibt mir keine andere Position, also mache ich nebenbei meinen MBA – wenn ich ihm den Abschluss vorlege, muss er mich ja befördern ...« »Ich bin immer noch nicht anerkannt genug, also ziehe ich noch ein Fernstudium durch.«

So sinnvoll eine gute Aus- und Fortbildung ist, wenn man gewisse Ziele hat, so ist es doch der falsche Weg, heimlich, still und leise einen Schein nach dem nächsten zu machen und zu hoffen, dass dadurch das Know-how und die Kompetenz nachgewiesen sind.

Auch ob spezifisches Fachwissen einen im Beruf weiterbringt, hängt davon ab, was in einer Position und in einem Unternehmen gefordert wird. Nehmen wir das Beispiel eines Marketingleiters, der sich auf eine Produktmanager-Position bewirbt. Natürlich wird ihm viel Know-how, das er in der Führungsposition erworben hat, hilfreich sein – doch das macht ihn nicht automatisch zu einem guten Produktmanager. Das Wissen, das er einem Kollegen durch diese Überqualifizierung voraus hat, bringt ihm nicht automatisch einen Vorsprung ein. Denn bei einem Produktmanager gilt einfach ein anderes Anforderungsprofil als bei einem Marketingleiter.

Fachliche Kompetenz beschränkt sich nicht auf Kenntnisse und Fähigkeiten, die jemand im Hinblick auf eine Tätigkeit mitbringt. Vielmehr gehört auch Erfahrung dazu, idealerweise Berufspraxis, das Erkennen von Zusammenhängen und Hintergründen, das Up-to-date-Sein im Beruf und in der Branche, das Beherrschen von Vorgehensweisen und Werkzeugen. Auch strukturiertes und analytisches Vorgehen zeugen von Fachkompetenz. Und schließlich nützt einem das ganze Fachwissen alleine nichts, wenn es an sozialer Kompetenz mangelt.

Sozialkompetenz ist unabdingbar

Wenn man über die so genannten Soft Skills spricht, dann wird zwar betont, wie wichtig diese im Berufsleben sind, doch dass sie auch einen immens großen Anteil daran haben, für wie fachkompetent man Sie hält, wird oft gar nicht so deutlich.

Soziale Kompetenz umfasst unter anderem den Umgang mit anderen, Kommunikationsfähigkeiten, sich einfühlen zu können, mit Lob und Kritik konstruktiv umzugehen, kontaktfähig zu sein, Wünsche und Bedürfnisse zu äußern, Grenzen zu setzen. Eine Person kann noch so fachkompetent sein, ihr Verhalten und die Interaktion mit anderen bestimmen darüber, ob man sie als wirklich kompetent wahrnimmt.

Ein Beispiel: Stellen Sie sich einen Besuch bei einem neuen Arzt vor. Er ist freundlich, hält jedoch kaum Blickkontakt und macht einen hektischen Eindruck. Bei der Blutabnahme benimmt er sich etwas fahrig. Er bittet Sie, für eine lange Zeit eine Faust zu machen und die Hand wieder zu öffnen, um schließlich sehr zögerlich mit den Fingern abzutasten, wo er den Einstich machen soll. Das Ganze erinnert an einen Anfänger, dabei ist der Arzt in den 40ern. Wie ist Ihr Eindruck? Können Sie sagen, ob der Arzt kompetent ist? Nein! Aber Sie können einen Rückschluss ziehen. Wie kompetent wirkt er auf mich? Wahrscheinlich werden Sie den Arzt als wenig kompetent einstufen, obwohl er vielleicht sehr gut ist, und das beeinflusst Ihre Entscheidung, ob Sie auch künftig in diese Praxis gehen.

Ihre persönliche Situation

Grundlegende Informationen und Tipps sind wichtig, doch ohne Umsetzung nützt Ihnen der beste Ratgeber nicht viel! Lassen Sie uns also anhand Ihrer ganz konkreten beruflichen Situation herausarbeiten, wie es hinsichtlich Präsenz und Kompetenz bei Ihnen aussieht.

Welche Fähigkeiten sind besonders wichtig?

Wenn Sie sich die verschiedenen Aspekte von Kompetenz noch einmal vornehmen und an Ihre berufliche Situation denken: Welche Fähigkeiten und welches Fachwissen sind für Ihre Position wichtig?

Was sind »Muss«-Kriterien, also die Basisfähigkeiten, die für Ihre Tätigkeit selbstverständlich sein sollten, und was »Extras«?

Nehmen wir als Beispiel den Beruf einer Verkäuferin von Kleidung. Zu den Basiskenntnissen und -fähigkeiten gehören unter anderem:

- das Sortiment kennen (was führen wir grundsätzlich, was ist momentan da, wann kommen Neulieferungen ...),
- Produktkenntnisse (unterschiedliche Stoffqualitäten, deren Behandlung, internationale Größen ...),
- Sinn für Form, Farbe und Kombinationen,
- offen auf Menschen zugehen können,
- individuelle Beratung.

Hier sieht man bereits, wie komplex alleine die Grundvoraussetzungen sind, wenn man etwas konkreter wird. Allzu leicht tut man derlei

Basics als »selbstverständlich« ab. Und von wie vielen Verkäuferinnen können Sie behaupten, dass sogar diese wenigen grundsätzlichen Details beherzigt werden?

»Extras« wären beispielsweise:

- aktives Nachfragen und Konkretisieren von Kundenwünschen (um zu zeigen, dass man zunächst versteht, was der Kunde möchte, um mögliche Alternativen vorzuschlagen …),
- nicht nur individuell beraten, sondern auch ehrlich sein (konstruktiv aufzeigen und begründen, wenn ein Kleidungsstück unvorteilhaft ist; vermitteln, was vorteilhafter ist und weswegen),
- Größen von Kunden selbstständig richtig einschätzen können,
- die Verkaufsfläche immer in Ordnung halten,
- den Bestand prüfen und fehlende Größen sofort nachsortieren,
- ein gutes Reklamationsmanagement …

Wenn die Grundlagen nicht vorhanden sind, hat man es mit einem schlechten Verkäufer zu tun. Hier bringt jemand nicht das mit, was für den Beruf nötig ist.

Oft ist dieses Fundament jedoch vorhanden: Als Kunde wird man einigermaßen zufriedenstellend bedient, man kann nicht klagen. Vielleicht geht man sogar mit dem Gefühl hinaus, gut bedient worden zu sein. Das Ideal ist aber, wenn ein Kunde begeistert ist. Überlegen Sie sich, wann Sie das letzte Mal so richtig genial beraten worden sind und das Bedürfnis hatten, anderen von dieser tollen Begegnung zu erzählen. Warum war dieses Erlebnis so außergewöhnlich? Woran lag es, dass Sie hier sehr viel begeisterter waren als bei der Begegnung mit jemandem, der absolut in Ordnung war – aber eben nicht so einen Eindruck hinterließ?

Die gute Nachricht: In der Regel sind es die Details, die den Unterschied zwischen gut und herausragend ausmachen, und diese lassen sich auch leichter ändern!

ÜBUNG

Wichtige Kenntnisse und Fähigkeiten in meiner Position

Anhand des Beispiels der Verkäuferin können Sie nun Ihre eigene Tätigkeit unter die Lupe nehmen. Legen Sie dabei möglichst konkret fest, was Grundkenntnisse sind und was darüber hinausgeht. Diese Übung hilft Ihnen nicht nur einzuschätzen, was Sie bereits erfüllen, sondern auch Ihr Verbesserungspotenzial zu erkennen.

Basis:	**Extras:**

Welche persönlichen Eigenschaften sind gefragt?

Auch wenn es natürlich einige Überschneidungen mit den fachlichen Kenntnissen und Fähigkeiten gibt, lohnt es sich, die persönlichen Eigenschaften noch einmal separat zu durchleuchten.

Beispielsweise könnte ein Hotline-Mitarbeiter Geduld als seine wichtigste Eigenschaft bezeichnen. Die eigene Definition wäre dann: »Geduld heißt für mich, dass ich immer herauszufinden versuche, wo das Problem des Anrufers genau liegt. Auch wenn dieser hektisch ist oder ewig um den Brei herumredet, ist es wichtig, dass ich die Ruhe bewahre und durch Nachfragen das Gespräch strukturiere.«

ÜBUNG

Ihre persönlichen Eigenschaften

Machen Sie sich Gedanken darüber, welche Eigenschaften jemand in Ihrer Position mitbringen sollte. Bei dieser Übung geht es zunächst nicht darum, ob Sie glauben, diese Eigenschaften bereits alle zu besitzen.

- Welche persönlichen Eigenschaften sollte jemand in meinem Beruf haben?
- Definieren Sie jede Eigenschaft mit eigenen Worten. Dabei geht es nicht darum, was das Lexikon sagt, sondern wie Ihre ganz persönliche Definition ist.
- Finden Sie nun zu jeder Eigenschaft ein Beispiel aus Ihrem beruflichen Alltag, wo diese Eigenschaft nützlich ist.

Übrigens sieht man hier auch ganz gut, wie Sie mit Ihren ersten Erkenntnissen aus der gerade absolvierten Übung »Ihre persönlichen Eigenschaften« weiterarbeiten können. Denn aus dem Beispiel des Hotline-Mitarbeiters sind bereits folgende weitere wichtige Eigenschaften ersichtlich: lösungsorientiert, Gespräche führen können, auf den Gesprächspartner eingehen können, Selbstbeherrschung haben, die richtigen Fragen stellen, auf Kurs bleiben.

Wie schätzen Sie sich ein?

Mit den beiden vorherigen Übungen haben Sie zunächst einmal ein generelles Profil erstellt (»Welche Fähigkeiten, Kenntnisse und Eigenschaften sind für jemanden wichtig, der in meiner Position tätig ist?«) und so wichtige Vorarbeit geleistet, um sich nun Ihrer persönlichen Einschätzung zu widmen.

Ein zentraler Fehler vieler Menschen bei der besseren Selbsteinschätzung ist, dass sie – wenn überhaupt – viel zu pauschal darüber nachdenken, was sie gut können und wo es Verbesserungspotenzial gibt.

Das führt zu Schwierigkeiten bei der Selbsterkenntnis, wie gut man denn nun tatsächlich ist. Und dementsprechend auch dazu, dass man seine Qualitäten nach außen nicht konkret vertreten kann, beispielsweise wenn Sie eine Gehaltserhöhung anstreben. Darum ist es wichtig, zunächst einen generellen Maßstab zu setzen. Dann können Sie sich selbst gut einordnen und sehen, woran Sie arbeiten müssen und möchten.

Gehen Sie Ihre Antworten auf → Seite 39 (Kenntnisse und Fähigkeiten) und → Seite 40 (Eigenschaften) Punkt für Punkt durch und schätzen Sie sich selbst ein: Was können Sie bereits gut, wo könnten Sie besser werden, was können oder wissen Sie noch nicht?

Bitte werden Sie auch hier wieder ganz konkret. Sie tun sich damit nicht nur leichter bei Ihrer Selbsteinschätzung, sondern bekommen dadurch auch ein viel stärkeres Gefühl für die wichtigen Details.

Beispielsweise könnte ein freiberuflicher Finanzdienstleister auf seiner Liste stehen haben, als Selbstständiger gut akquirieren zu können. Näher aufgesplittet ergibt sich, dass er zwar eigentlich gut reden kann und auf andere gut und überzeugend wirkt, ihm das jedoch nur im persönlichen Gespräch gelingt und nicht am Telefon. Er hat auch festgestellt, dass er nicht gern über Geld spricht. Doppelt schlecht, denn zum einen muss er über sein Honorar sprechen können, zum anderen darf gerade ein Finanzdienstleister nicht schüchtern sein, wenn es um Finanzen geht. Es ist also durch diese wenigen Einzelheiten bereits klar geworden, dass er verschiedene gute Eigenschaften als Pluspunkte verbuchen kann (»kann gut mit Menschen«, »ist überzeugend«, »kommt gut an«). Aber es haben sich auch schon wichtige Bereiche herauskristallisiert, an denen er arbeiten muss, damit er präsenter sein kann (Hemmungen überwinden) und kompetenter wirkt (kein Vermeiden und kein Rumdrucksen mehr bei bestimmten unangenehmen Themen).

Typische Situationen im Berufsalltag

Haben Sie bislang eine Liste von Punkten vermisst, die Sie einfach nacheinander abhaken können, und dann kommt am Ende die perfekte Selbstdarstellung heraus? Diese Liste gibt es leider (besser: Gott sei Dank) nicht. Das Schöne ist, dass Selbstmarketing nur dann gut ist, wenn es auch zu Ihnen passt. Dafür gibt es bestimmte Rahmenbedingungen und Empfehlungen, an welchen Sie sich orientieren können. In diesem Abschnitt sehen wir uns einige typische Situationen an, die Ihnen im Beruf begegnen. Anhand zahlreicher Beispiele erfahren Sie, was sich wie auswirkt und was besseres Selbstmarketing ganz konkret bedeuten würde. Nehmen Sie sich diese Beispielsituationen dann bitte vor und machen Sie sich die jeweiligen Empfehlungen zu eigen (siehe auch »Ihr Fahrplan für Veränderungen« ab → Seite 118).

Überzeugend im Gespräch

Natürlich ist eine gute Kommunikation das A und O. Darum ist diesem Thema auch ein eigenes Kapitel gewidmet (ab → Seite 66). Abgesehen davon sind mehrere weitere Aspekte mitbestimmend dafür, wie gut Sie bei Ihren Gesprächspartnern ankommen und für wie kompetent man Sie hält.

Stellen Sie sich ein Kundengespräch vor. Anwesend sind zwei Mitarbeiter eines Automobilkonzerns. Als es um technische Details geht, wendet sich der Kunde automatisch seinem männlichen Gegenüber zu. Die Kollegin merkt das, ärgert sich und zieht sich innerlich aus dem Gespräch zurück. Wenn der Kunde meint, er könne über Technik nur mit einem Mann sprechen, dann eben nicht!

Ganz abgesehen davon, wie man das Verhalten des Kunden findet, und auch völlig unabhängig davon, ob dieser sich aus inhaltlichen Gründen dem Kollegen zugewandt hat: Das Zurückziehen aus dem Gespräch hat gravierende Konsequenzen für die weibliche Kollegin. Denn aus Sicht der beiden Gesprächsteilnehmer

- sitzt sie nur passiv dabei (= überflüssig und kann bei einem nächsten Termin außen vor bleiben, muss möglicherweise auch bei künftigen Verhandlungen gar nicht erst mitkommen),
- macht sie einen verschlossenen Eindruck (im schlechtesten Fall strahlt sie Ärger, Frust oder gar Feindseligkeit aus),
- hat sie offenbar nichts beizutragen (was erst den Verdacht nahe legt, dass sie fachlich nicht kompetent ist).

TIPP

Aktive Gespräche

→ Bleiben Sie in Gesprächssituationen immer aktiv! Sie müssen nicht auf alles und jedes eingehen, aber lassen Sie nicht innerlich die Jalousien herunter. Geben Sie Ihren Gesprächspartnern aktiv Rückmeldung, bitten Sie um deren Meinung.

Erst durch ihr defensives Verhalten – und ihre eigenen Vorurteile! – provoziert die Kollegin genau das, was sie eigentlich vermeiden möchte beziehungsweise worüber sie sich ärgert: Sie erweckt den Anschein, keine kompetente Ansprechpartnerin für den Kunden zu sein. Dieser wird also auch künftig nicht auf sie zukommen. Sofern es auf Seiten des Kunden bislang kein Geschlechterklischee à la »Frauen und Technik« gegeben hat, wundert er sich bestenfalls über das Verhalten, schlimmstenfalls wird er eine entsprechende Klischeevorstellung entwickeln. Das Paradebeispiel einer selbsterfüllenden Prophezeiung!

In unserem Beispiel hat sich die Mitarbeiterin selbst behindert, indem sie dem Kunden unterstellt hat, dass er sie nicht für voll nimmt. Anstatt des totalen Rückzugs wäre es wichtig gewesen, sich aktiv in das Gespräch einzubringen. Das geht aber nur, wenn der Kopf innerlich frei genug ist, um sich auf das Gegenüber und dessen Anliegen zu konzentrieren.

Ein guter und kompetenter Gesprächspartner ist

- konzentriert und aufmerksam (er hört zu, fragt nach, ist an Wünschen und Bedürfnissen des Gegenübers interessiert und geht auf diese ein);
- informiert (eine gute Vorbereitung ist unerlässlich, auch wenn es um ein Thema geht, in dem man sattelfest ist, oder das Gespräch einen informellen Charakter hat);
- sicher und zielgerichtet (führt das Gespräch und hält es auf Kurs);
- in der Lage und willens, gut zu kommunizieren;
- denkt unternehmerisch – für beide Seiten und
- schreibt »Respekt« groß.

Mit Respekt ist hier Achtung gemeint, keineswegs Respekt im Sinne von Unterwürfigkeit. Ein guter Grundsatz ist »Was du nicht willst, das man dir tut...« Prüfen Sie, welches Verhalten Sie sich selbst wünschen oder als verletzend oder »unmöglich« empfinden. Das ist meist ein guter Maßstab, um ein Gefühl für die Situation zu bekommen.

Große Selbstsicherheit erhält man, indem man sich gut vorbereitet. Denken Sie an ein Thema, das Sie aus dem Effeff beherrschen. Wie locker und souverän Sie darüber sprechen und diskutieren können, wie überzeugend Ihre Leidenschaft und Ihr Interesse für das Thema wirken und wie mühelos Sie argumentieren können! Jeder Mensch hat solche Themen – vielleicht ist es bei Ihnen etwas aus Ihrem privaten Bereich?

ÜBUNG

Selbstsicher auftreten

Nehmen Sie sich ein Thema vor, das Sie sehr interessiert und in dem Sie sich gut beschlagen fühlen: Wie schätzen Sie Ihre Überzeugungskraft, Argumentationsfähigkeit und Souveränität im Gespräch ein?

____

____

Bei welcher Art von Gesprächspartner fühlen Sie sich locker und selbstsicher? Und wie ist jemand, der Sie eher verunsichert und aus dem Konzept bringt?

____

____

Ein Beispiel: Jemand hält sich beruflich für eine graue Maus und bleibt eher in der Beobachterposition. Privat ist dieselbe Person begeisterte Steptänzerin, denkt sich komplizierte Choreographien für die Tanzgruppe aus und steht bei Auftritten voller Freude und selbstbewusst im Rampenlicht.

In erster Linie geht es um Selbstsicherheit. Jemand geht in einer Sache auf, fühlt sich sattelfest und präsentiert dieses Können gerne. Diese Person kann durchaus extrovertiert sein und fühlt sich nicht nur am Rande einer Gruppe wohl, sondern steht auch gerne im Mittelpunkt und gibt den Ton an.

Ein großer Teil dieser Selbstsicherheit kommt aus dem Können. Und dieses Können wiederum entspringt einer Kombination aus Aneignen, Übung und praktischer Erfahrung.

Ein Projekt übernehmen

Wenn es um Sonderaufgaben im Beruf geht, sind verschiedene Varianten möglich:

1. Sie bekommen ein Projekt übertragen.
2. Sie bewerben sich aktiv um die Sonderaufgabe.
3. Die Aufgabe steht im Raum: Freiwillige vor?!

Projektarbeit bedeutet immer große Chancen und Risiken für Ihr Image. Denn einerseits birgt sie das Potenzial, dass Sie sich profilieren können und an Ansehen und Perspektiven innerhalb der Firma (auch in Form einer Gehaltserhöhung) gewinnen. Andererseits zeigen auch kleine Sonderaufgaben und wie Sie damit umgehen sehr viel über Ihre Einstellung, Arbeitsmoral und Ihren Sinn für Struktur, Organisation und Effizienz. Und das ganz unabhängig davon, ob Sie sich freiwillig auf die Aufgabe stürzen oder ob Sie eine ungeliebte Zusatzarbeit aufgedrückt bekommen.

Sie bekommen eine Projektaufgabe

Idealerweise freuen Sie sich über ein Projekt, manchmal muss man aber auch zähneknirschend etwas übernehmen, etwa eine Messevorbereitung, eine Akquise-Aktion oder das Organisieren einer Veranstaltung.

Bereits wie Sie bei der Aufgabenverteilung reagieren entscheidet darüber, ob man sich wohl damit fühlt, Ihnen das Projekt anvertraut zu haben, und für wie professionell und kompetent Sie gehalten werden.

Zeitnot und Arbeitsüberlastung sind leider sehr weit verbreitet. Da kommt es schon mal vor, dass man bei Mehraufgaben verzweifelt die Arme gen Himmel reckt oder einem spontan ein »Das auch noch!« herausrutscht. Sogar wenn man sich eigentlich über die Zusatzverantwortung freut. Gut ankommen wird so etwas allerdings nicht! Und je nachdem, wie derlei Reaktionen ausfallen und wie lange sie anhalten (regelmäßiges Jammern über zu viel Arbeit, unübersichtliche Stapel auf dem Schreibtisch und so weiter), bedeuten sie lediglich: Da ist jemand überfordert und kommt nicht mit seiner Arbeit zurecht.

Damit wir uns richtig verstehen, es geht nicht darum, etwaige Überlastung zu verstecken, sondern darum, in eigener Sache angemessen zu reagieren. Zum einen, indem man achtsam ist, was man auch außen trägt, und zum anderen, indem man konstruktiv damit umgeht. Sollten Sie also tatsächlich überlastet sein, dann hilft nur, sich einen Überblick über die Situation zu verschaffen und sich um Lösungen zu kümmern. Viele Tipps hierzu finden Sie in dem Buch *Zeit-Diät* von Ute Elisabeth Herwig (siehe »Bücher, die weiterhelfen« auf → Seite 125).

Nehmen Sie die Angelegenheit selbst in die Hand: Finden Sie heraus, was momentan alles ansteht, wodurch Verzögerungen entstehen, was der Eigenanteil ist (wo hapert es bei Zeitmanagement, Organisation oder Disziplin), wer Sie unterstützen könnte, welche Termine Sie eventuell neu vereinbaren können. Wenn Sie selbstständig sind, können Sie direkt mit der Umsetzung beginnen. Angestellte müssen sich eventuell vorher mit ihrem Chef besprechen. Auch das ist eine gute Gelegenheit zu zeigen, dass Sie umsichtig arbeiten, was Sie alles managen und worin ein eventueller Engpass begründet ist.

Sie bewerben sich um eine Sonderaufgabe

Vielleicht haben Sie in Eigeninitiative eine gute Idee ausgebrütet, die Sie gerne umsetzen möchten.

Dann heißt es, die richtige Person davon in Kenntnis zu setzen. Bei Selbstständigen vielleicht einen Kunden, bei Angestellten den Chef. Überprüfen Sie zuerst, ob Sie genügend Kapazitäten freihaben, und auch, ob Ihr Know-how ausreicht. Natürlich kann man sich vieles aneignen, andererseits darf man Projekte auch nicht unterschätzen.

ÜBUNG

Überzeugungsarbeit leisten

Egal, wie komplex ein Projekt ist, wie viele andere Interessenten es dafür gibt oder wie differenziert man einen Verantwortlichen auswählt, immer müssen Sie eine andere Person davon überzeugen, warum Sie für die Aufgabe geeignet sind. Überlegen Sie sich anhand eines Projektes, welches Sie interessieren würde, was dafür spricht, dass man Ihnen die Zusatzaufgabe anvertraut, was dagegen sprechen könnte – und welche Lösungen Sie jeweils dafür parat haben. Nehmen Sie Einwände geistig vorweg und finden Sie die entsprechenden Argumente, sie zu entkräften.

Die Aufgabe steht im Raum: Freiwillige vor?!

Eine Sonderaufgabe zu übernehmen bietet immer die Gelegenheit, den eigenen Horizont zu erweitern und zu zeigen, was man kann. Trotzdem wäre es weder nötig noch sinnvoll, sich für alle Projekte, die im Raum stehen, freiwillig zu melden. Denn das kann ganz schön nach hinten losgehen: Wer sich übernimmt und wegen Sonderaufgaben seinen eigentlichen Tätigkeitsbereich vernachlässigt, hat sich schnell selbst ein Bein gestellt.

Schreien Sie also nicht vorschnell »Hier!«, wenn ein Freiwilliger gesucht wird, vor allen Dingen nicht, wenn Sie einer von den Menschen sind, die sich schnell verpflichtet fühlen. Nehmen Sie sich die Zeit, sich näher darüber zu informieren, um was genau es geht und mit wie viel Arbeits- und Zeitaufwand die Aufgabe verbunden sein wird. Prüfen Sie dann in Ruhe, ob Sie das Projekt zusätzlich zu Ihrer normalen Arbeit tatsächlich übernehmen können und möchten.

Das hilft Ihnen zum einen, eine durchdachte Entscheidung zu treffen, und zum anderen demonstrieren Sie, dass Sie überlegt an die Dinge herangehen. Das alleine bringt Ihnen einen Pluspunkt für Ihr Image.

Wenn Sie ein Projekt übernehmen, können Sie unter anderem zeigen, wie organisiert Sie an die Dinge herangehen. Selbstorganisation und Zeitmanagement sind zwei sehr gefragte und wichtige Eigenschaften im Berufsleben (Buchtipps zu diesen beiden großen Themen finden Sie auf → Seite 125).

Keine Bange, wenn Sie sich bislang gerne mal verzettelt haben. Gerade dann sollten Sie sich aktiv an Projekte heranwagen. Das können anfangs auch ganz kleine, interne Sonderaufgaben sein. Und stecken Sie sich bitte auch nicht selbst in eine Schublade, von wegen »ich kann nicht strukturiert vorgehen«. Das können Sie lernen. Wie Sie zum Beispiel Checklisten für Ihren persönlichen Bedarf selbst erstellen, sehen Sie auf den nächsten Seiten.

Checklisten selbst entwerfen

1 SCHRITT 1: ERST GROB PLANEN

Wer den Anspruch hat, auf Anhieb eine endgültige To-Do-Liste zu erstellen, läuft Gefahr, sich entweder zu verzetteln oder Details zu übersehen. Darum sollten Sie sich immer erst um die Grundlagen kümmern. Wenn Sie etwa eine Veranstaltung organisieren möchten, schreiben Sie zuerst alle »Phasen der Veranstaltung« auf:

- Leute werden eingeladen
- Leute kommen
- Veranstaltung …

2 SCHRITT 2: EINZELNE PHASEN KONKRETISIEREN

Jetzt nehmen Sie sich jede Phase einzeln vor und »fächern« sie auf. Auch hier sind vorab nur Brainstorming und erste Ideen angesagt. Das können klitzekleine Details sein oder wiederum größere Bereiche. Kümmern Sie sich noch nicht um die richtige Reihenfolge, eine Priorisierung oder das Sortieren. Zunächst ist lediglich sammeln angesagt. Auffächern der Phase »Leute werden eingeladen«: Was ist alles erforderlich rund um die Einladung?

- Einladung selbst (telefonisch/schriftlich, per Post, E-Mail)
- Briefmarken
- Briefpapier
- Kuverts
- Einladungskonzept/-text …

Wenn eine Phase sehr komplex ist, wie »Leute kommen«, dann gehen Sie wieder Schritt für Schritt vor und finden zunächst die einzelnen Bestandteile dieser Phase heraus, zum Beispiel: Wie reisen die Leute an (öffentliche Verkehrsmittel, Auto, Flugzeug …)? Daraus ergeben sich dann wieder weitere Fragen für Ihre Checkliste.

3 SCHRITT 3: SORTIEREN

Bringen Sie nun innerhalb der einzelnen Projektphasen Ihre Gedanken in die richtige Reihenfolge. Fassen Sie zusammen und ordnen Sie Details der jeweils übergeordneten Aufgabe zu. Und erstellen Sie eine Rangliste. Was ist wichtiger? Was muss vor einer anderen Sache passieren, damit es keinen Stau gibt? Erst ganz am Ende sollten Sie den zeitlichen Rahmen und den Vorlauf kalkulieren. Letzteres nicht zu knapp bemessen!

Formulieren Sie eine Checkliste immer so, dass Sie selbst und jeder andere im Unternehmen etwas damit anfangen kann. So verführerisch Stichpunkte sind, so missverständlich können sie sein. Jetzt brauchen Sie nur noch die Listen jedem zugänglich zu machen. Sie erleichtern allen die Arbeit und zeigen zugleich, wie effizient Sie vorgehen!

Besprechungen gestalten

In der hinteren Klappe finden Sie einige Tipps für mehr Präsenz in Besprechungen. Das sind die Basics, die man sich zuerst aneignen sollte. Auf den ersten Blick handelt es sich um Selbstverständlichkeiten. Doch wenn man sich einmal herkömmliche Meetingsituationen, vor allen Dingen firmenintern, vor Augen hält, muss man zugeben, dass es gerade bei diesen vermeintlichen Banalitäten hakt. Woran sonst liegt es, dass Besprechungen oft Ewigkeiten dauern, vom Thema abkommen, in Zweierdiskussionen abdriften und leider oft keine besonderen Ergebnisse bringen?

Je regelmäßiger Besprechungen sind, desto mehr verkommen sie zur Routine. Man verzichtet auf eine Tagesordnung, man bereitet sich nicht großartig vor, sondern redet spontan drauflos – und da man sich ja untereinander kennt, achtet man häufig auch überhaupt nicht mehr auf das Bild, das man abgibt.

Bei außergewöhnlichen Meetings sieht das anders aus. Fassen Sie sich an die eigene Nase: Wie bereiten Sie sich vor und wie verhalten Sie sich während einer Besprechung mit einem wichtigen Kunden – und wie gehen Sie ins wöchentliche Abteilungsmeeting, wo man sich eher formlos darüber austauscht, was zur Zeit so passiert? Gibt es gravierende Unterschiede? Das sollte es nicht!

Wichtige Aspekte, die sich verbessern lassen, sind zum Beispiel Präsenz, Kompetenz, Körpersprache und Kommunikation. Hier soll es zusätzlich um den wichtigen Aspekt der Moderation gehen.

Es gibt Besprechungen, die ganz wunderbar strukturiert sind und effizient verlaufen. Das ist besonders dann der Fall, wenn nicht nur jeder vorbereitet und aktiv dabei ist, sondern wenn das Meeting zudem moderiert wird. Dabei ist es zwar hilfreich, wenn eine Person »offiziell« zum Moderator bestimmt wurde (oder es automatisch ist, beispielsweise die Führungskraft oder die Person, welche die Besprechung einberufen hat), aber es ist kein Muss.

Wenn Sie also in einer Besprechung sind und bemerken, dass man immer vom Kurs abkommt, dann können Sie auch als »normaler Teilnehmer« moderierend eingreifen. Da fast alle Leute unter uneffektiven Meetings leiden, wird man es Ihnen danken.

Vielleicht fragen Sie sich jetzt, ob das so eine gute Idee ist. Denn könnte es nicht so aussehen, als ob Sie sich ein bisschen als Chef aufspielen wollten? Keine Sorge. Wie so oft ist auch hier maßgebend, wie Sie vorgehen. Moderation bedeutet nicht, dass Sie anderen Ihren Willen aufzwingen, und auch nicht, dass Sie »der Bestimmer« sind. Ein guter Moderator hilft dabei, dass das Gespräch

- in angenehmer Atmosphäre geführt wird (aussprechen lassen, konstruktiv bleiben …),
- auf Kurs bleibt (die Tagesordnung nacheinander erledigen beziehungsweise die Inhalte festlegen, beim Abschweifen die Teilnehmer zum Thema zurückführen, reine Zweiergespräche vertagen …),

- ausgewogen geführt wird (sehr zurückhaltende Teilnehmer aktiv mit ins Gespräch holen, zu dominante Teilnehmer etwas bremsen ...),
- lösungsorientiert ist (nicht »warum es sowieso nicht geht«, sondern »wie könnte es gehen«; statt »schlechte Idee«: »was konkret spricht dagegen und warum«; entgegengesetzte Meinungen nebeneinander stellen und diskutieren statt einen Ich-habe-Recht-Wettbewerb zuzulassen),
- effektiv bleibt (dafür sorgen, dass man sich nicht in unnötige Details versteigt, Ergebnisse kurz zusammenfassen, Entscheidungen treffen, Termine vereinbaren ...).

2

Wenn Sie häufig mit denselben Leuten Besprechungen haben, dann initiieren Sie doch den Tagesordnungspunkt »Wie können wir unsere Besprechungen verbessern?«. Hier können Sie dann gemeinsam vereinbaren, wie Meetings für alle effektiver organisiert werden können.

Bewährt hat es sich übrigens auch, einige Handzeichen auszumachen. Beispielsweise ein Zeichen, wenn man das Gefühl hat, dass sich Teilnehmer in einem reinen Zweier-Gespräch auf ein Thema versteifen, das die anderen Anwesenden gar nicht betrifft. So kann man eine Besprechung auch gemeinsam auf Kurs halten, weil jeder aktiv mitmoderieren kann und die Signale von allen genutzt und respektiert werden.

Veränderungen stehen an

Wie Sie sich verhalten, wenn Veränderungen und neue Entwicklungen ins Haus stehen, prägt ganz wesentlich das Image mit, das Sie bei anderen haben. Höhere und verantwortungsvollere Positionen bringen in der Regel mit sich, dass man Neuerungen und Veränderungen (mit) planen, in Gang bringen und umsetzen muss. Deshalb sind die Fähigkeit und Bereitschaft, sich in Umbruchsituationen aktiv, konstruktiv und verantwortungsvoll zu verhalten, in vielen Unternehmen ein wichtiges Kriterium bei der Besetzung von Schlüsselpositionen.

TIPP

Vermeiden Sie negatives Verhalten

Gerade bei Veränderungen reagieren viele Menschen heftig, von angstvoll und zweifelnd bis hin zu kritisch und ablehnend. Lassen Sie sich daher nicht zu Verhaltensweisen hinreißen, die Ihnen als unprofessionell ausgelegt werden könnten, wie etwa

- → kritische und skeptische Blicke,
- → ablehnende Körpersprache (kein Blickkontakt, Kopf schütteln oder genervt mit den Augen rollen),
- → Einwände, dass man schon viel zu viel um die Ohren hat,
- → Argumente, warum neue Pläne nicht klappen werden.

Und auch Selbstständige kommen in solche Situationen. Beispielsweise wenn ein Kunde einen Auftrag komplett verändert oder bei Ihrer Beratung andere Vorstellungen vertritt als Sie, Sie jedoch mit den veränderten Gegebenheiten konstruktiv umgehen müssen.

So verständlich und nachvollziehbar Ihre Ablehnung ist – ganz besonders dann, wenn sich die Veränderungen häufen –, mit genervten Reaktionen hilft man weder sich selbst weiter noch ändert man irgendetwas. Und der Eindruck, den man hinterlässt, kann einem auf Dauer sehr schaden. Denn was bei anderen ankommt, kann beispielsweise sein:

- → hat zu wenig oder kein Selbstbewusstsein;
- → hat wahrscheinlich nicht wirklich Ahnung;
- → ist unflexibel und will unbedingt so weitermachen wie bisher;
- → kann und will der Realität nicht ins Auge sehen;
- → ist nicht lösungsorientiert;
- → hört noch nicht einmal richtig zu, worum es geht;
- → kann mit den eigenen Stimmungen nicht souverän umgehen;
- → auf den/die können wir nicht zählen!

So gehen Sie konstruktiver mit der Situation um und machen auf jeden Fall einen guten Eindruck:

- **RUHIG BLEIBEN UND GUT ZUHÖREN.** Auch wenn es um Veränderungen geht, die sich sehr ungut anhören, lautet Ihre Devise: Erst mal mehr Informationen besorgen, um einen guten Überblick zu bekommen. Sehen Sie Besprechungen, in denen Neuigkeiten angekündigt werden, als willkommene Informationsquelle an.
- **BEI BESPRECHUNGEN BLICKKONTAKT ZU DEN PERSONEN HALTEN, DIE SPRECHEN.** Achten Sie auf Ihre Körpersprache. Gerade wenn einem die Situation nicht recht ist, kommt es schnell zu abwertender Mimik und Gestik (etwa Augenrollen, vielsagende Blicke mit Kollegen tauschen, vorwurfsvoll schauen). So etwas hindert Sie nicht nur daran, voll bei der Sache zu sein – es beschädigt auch Ihr Image. Denn auch wenn Sie etwas kritisch bewerten oder anderer Meinung sind, geht es darum, möglichst immer souverän und selbstverantwortlich aufzutreten.
- **STELLEN SIE FRAGEN!** Sie können die Tragweite und Konsequenzen einer Veränderung nur dann richtig einschätzen, wenn Sie so viel wie möglich erfahren und Zusammenhänge und Gründe verstehen (auch wenn Sie anderer Meinung sind). Negativ wäre es allerdings, rhetorische Fragen zu stellen, die nur dazu dienen, den anderen abzuqualifizieren. Wer andere vorführt, beschädigt immer sich selbst. Besser und auch sehr viel überzeugender sind Sie, wenn Sie sich überlegt verhalten: also ehrliche Fragen stellen mit dem Ziel, die Fakten kennen zu lernen. Nur so können Sie sachlich und konstruktiv argumentieren und werden deshalb auch eher gehört.
- **SICH NICHT ZU SPONTANEN MEINUNGSÄUSSERUNGEN HINREISSEN LASSEN.** Manchmal ist man mit neuen Ideen oder Veränderungen konfrontiert, die man auf Anhieb negativ bewertet – und vielleicht haben Sie damit sogar Recht! Vielleicht ordnet die Firmenleitung etwas an, das Sie mit Ihrem Fachwissen sofort als nicht

machbar oder ungut entlarven. Es ist nicht ratsam, dem ersten Impuls nachzugeben, besonders, wenn Sie sehr emotional sind. Denn das schadet, ganz unabhängig vom Inhalt, in erster Linie Ihnen selbst. Sie reagieren vorschnell und demonstrieren, dass Sie sich entweder nicht die Mühe machen oder nicht in der Lage sind, sich konstruktiv und überlegt auf die Angelegenheit und die Gesprächspartner einzulassen. Wenn Sie unbedingt etwas sagen möchten oder explizit um Ihre Meinung gebeten werden, ist es am cleversten, den ersten Eindruck zu schildern (fair und diplomatisch natürlich) und um Bedenkzeit zu bitten. Formulieren könnten Sie das beispielsweise so: »Wenn ich es richtig sehe, kommen große Veränderungen auf unsere ganze Abteilung zu/ wird sich mein Aufgabenbereich massiv ändern. Viel mehr, als ich erwartet hatte! Im Moment kann ich noch nichts dazu sagen. Ich will das alles überdenken und mir ein klares Bild machen. Und dann würde ich gerne mit Ihnen darüber sprechen.« Einwände und kritisches Feedback ja – aber durchdacht und souverän!

Natürlich haben Veränderungen durchaus auch unangenehme und schwierige Konsequenzen. Natürlich können die Vorstellungen und Pläne Ihrer unmittelbaren Vorgesetzten und/oder der Unternehmensspitze unrealistisch und »daneben« sein. Natürlich können Sie als Experte auf Ihrem Gebiet viele Auswirkungen wesentlich besser beurteilen. All das sollen Sie nicht einfach vergessen und für sich behalten. Vielmehr geht es darum, erst einmal so viele Informationen wie möglich zu sammeln und damit dann weiterzuarbeiten. Wenn Neuigkeiten mitgeteilt werden, ist das meist nicht der optimale Zeitpunkt, um gleich zu reagieren.

Besser und hilfreicher ist es, zuerst zuzuhören und dann

- darüber nachzudenken,
- sich eine eigene fundierte Sichtweise zu erarbeiten – eventuell zusammen mit anderen Kollegen,

- die Konsequenzen, Möglichkeiten und Grenzen sachlich, aber konkret aufzuzeigen,
- Alternativvorschläge auszuarbeiten.

So legen Sie starke Grundlagen, um in den Folgegesprächen aktiv und konstruktiv mitmischen zu können. Und auch, um rundherum von sich zu überzeugen.

Ideen haben und kreativ sein

Mit am meisten Eindruck machen Sie, wenn Sie ideenreich und kreativ an die Arbeit gehen. Dabei geht es übrigens keineswegs um künstlerische Kreativität (von der viele Leute sagen, sie hätten kein bisschen davon), sondern es geht um die »praktische Kreativität« im Berufsalltag.

Ein sehr schönes Beispiel dafür liefern zwei Bankangestellte. Eine längere Warteschlange hat sich gebildet. Nichts geht voran. Da das Computersystem streikt, kommen die Mitarbeiter am Schalter weder an die Daten noch haben sie Zugriff auf die Kasse. Hier kann man nur abwarten … oder?

Die kreative Lösung: Die Angestellten fragen die wartenden Kunden, welche Transaktionen sie machen möchten, und koordinieren dann das Geschäft manuell. Sie picken die Kunden heraus, die Geld einzahlen möchten, bestätigen die Transaktion mit Unterschrift und Stempel. Und sobald genug Bargeld vorhanden ist, kann der nächste Kunde Geld vom Konto abheben. So können fast alle Kunden bedient werden und die Bankangestellten geben die Transaktionen nachträglich in das System ein.

Ein exzellentes Beispiel für gutes Selbstmarketing! Dabei haben die beiden Bankangestellten in dem Moment ganz sicher nicht daran gedacht, sondern sind einfach aktiv und kreativ an die Arbeit gegangen.

Die »normale« Lösung wäre sicherlich in den meisten Fällen gewesen, die Kunden um Geduld zu bitten, sie wegzuschicken oder für Abhebungen auf eine nahe gelegene andere Bank zu verweisen. Auch wenn die Kunden das Ausfallen des Computersystems hätten akzeptieren müssen, wäre es eventuell zu einer unschönen Atmosphäre und länger anhaltenden Unzufriedenheit gekommen.

Durch die tatkräftige Alternative konnten nicht nur die meisten Kunden ihr Bankgeschäft erledigen, sondern die beiden Angestellten beeindruckten besonders durch ihre unkonventionelle Lösung. Auch wenn diese »eigentlich« einfach schien, ist der Eindruck sehr nachhaltig. Die Kunden sind nun noch begeisterter, als wenn sie ihr Schaltergeschäft routinemäßig hätten erledigen können.

ÜBUNG

Kreative Problemlösungen

Überlegen Sie, welche Probleme in Ihrem Tätigkeitsbereich auftreten könnten. Vermeiden Sie den »Geht-nicht-Ansatz« und formulieren Sie, wie der jeweilige Fall praxisorientiert und kreativ gelöst werden könnte.

____

____

____

____

Bei Menschen mit kreativem Lösungsverhalten ist zu beobachten, dass sie

- handlungsfähiger sind,
- interessierter sind,
- offener mit ihrer Umwelt um- beziehungsweise auf Leute zugehen,
- mehr erfahren oder wissen und diese Informationen auf andere Situationen oder Aufgabenstellungen übertragen können,
- so ihr Selbstvertrauen in die eigenen Fähigkeiten steigern,
- sich nicht so schnell überfordert fühlen, weil sie sich zu helfen wissen – beziehungsweise wissen, wie sie sich Unterstützung holen können und wann sie das sollten,
- erfolgreich(er) sind, weil Möglichkeiten erkannt beziehungsweise neue Möglichkeiten gesucht und gefunden werden,
- »Macher« statt bloße Zuschauer sind – was sich auf andere und auch auf sie selbst positiv auswirkt.

Durch diese Punkte verändert sich das Selbstbild, das Zutrauen zu sich selbst steigt und auch das Image bei anderen (beruflich wie privat) verändert sich positiv.

Kreativität im Beruf heißt die vorhandenen Möglichkeiten erkennen, ausschöpfen und sich aktiv neue erschließen.

Anerkannt im Team

Wenn es um Selbstmarketing geht, denkt man zunächst oft daran, dass man bei Chefs oder bei Kunden einen besonders guten Eindruck machen möchte. Die Kollegen bleiben da leider oft außen vor. Entweder weil man sich so gut versteht, dass man sich keine Gedanken darüber macht, oder weil man so distanziert oder vielleicht sogar unterkühlt miteinander umgeht, dass man gezielt Abstand sucht. Dabei ist der Stand, den Sie bei Kollegen haben, ebenso wichtig:

- Ihre Lebensqualität im Beruf steigt, wenn Sie gerne in die Arbeit gehen. Und dafür ist das gute Verhältnis zum Team maßgebend.
- Fragen, Stress und Druck lassen sich gemeinsam viel leichter bewältigen. Zum einen, weil man sich gegenseitig unter die Arme greift, zum anderen, weil eine gute Stimmung leistungsfähiger macht.
- Anerkennung von Kollegen, ob fachlicher Art oder einfach, dass man ein geschätzter Mitarbeiter ist, hebt nicht nur das eigene Wohlbefinden, sondern wirkt sich auch ganz massiv darauf aus, was für ein Image man im gesamten Unternehmen hat.

Die Interaktion mit anderen kann sehr maßgebend dafür sein, ob man Ihnen mehr Verantwortung zutraut, Sie für eine Führungsposition vorsieht oder nicht. Und in der neuen Position können Sie je nach Ihrem Verhältnis zu den Kollegen einen sehr leichten und guten Einstieg mit der Unterstützung des Teams haben oder auf nicht unerheblichen Widerstand stoßen.

Vielleicht wissen Sie nur wenig oder gar nichts über die Arbeit Ihrer Kollegen – und umgekehrt. Eine sehr gute Möglichkeit, um sich gegenseitig besser kennen zu lernen, sind Präsentationen von einzelnen Leuten, Teams oder Abteilungen. Sie könnten den Vorschlag machen, solche »Events« zu organisieren. So bekommen alle, natürlich auch Sie selbst, die Gelegenheit, ihre konkrete Arbeit, ihren Beitrag und ihre Leistungen allen anderen vorzustellen.

Umgang mit Kollegen

Gerade unter Kollegen zeigt sich sehr schön, wie stark sich das Image unterscheiden kann. Denken Sie einmal an einige Ihrer Kolleginnen und Kollegen und daran, wie Sie zu diesen stehen. Sicher gibt es jemanden, den Sie besonders gern mögen, mit dem Sie vielleicht öfter gemeinsam zum Essen gehen. Dann gibt es vielleicht jemanden im Team, mit dem die Zusammenarbeit super klappt. Und den einen oder anderen, den Sie nicht sonderlich leiden können oder der Sie rein fachlich zur Weißglut bringt.

Wenn Sie sich nun in diese anderen Personen hineinversetzen, werden Sie feststellen, dass auch diese Sie ganz unterschiedlich erleben. Denn unsere innere Einstellung und Beziehung zu anderen beeinflusst immer auch maßgeblich, wie wir uns verhalten. Entsprechend kann Kollegin A Sie für nett und hilfsbereit halten und bei Kollegin B sind Sie unter arrogant eingeordnet. Kollege C hält Sie für kreativ und Kollege D für einen Paragraphenreiter.

Auch wenn es ganz menschlich ist, dass man sich von Sympathie und Antipathie leiten lässt, sollte es immer Ziel sein, bestimmte Ansprüche an sich selbst und den Umgang mit anderen zu haben, die generelle Gültigkeit haben. Eine ganz einfache Devise wäre beispielsweise: »Ich bin ein freundlicher Mensch und möchte respektvoll mit anderen umgehen.« Dieser einfache Satz beinhaltet eine ganze Menge und er kann als Maßstab für jede Situation dienen.

Oft bringen sich Menschen selbst von ihrem Kurs ab. Etwa indem sie denken: »Man darf aber nicht immer freundlich sein, sonst wird man nicht ernst genommen.« Oder: »Wie man in den Wald reinruft, schallt es heraus – wenn der nicht respektvoll mit mir umgeht, warum sollte ich das dann tun?«

Tatsächlich kennen wir alle Situationen, in denen man etwas nicht ernst nimmt oder gar nicht hören möchte, weil die Art, wie es vorgebracht wurde, »daneben« ist. Und jeder von uns kennt sehr freundliche Leute, die man selbstverständlich ernst nimmt, denen man auch dann nicht böse ist, wenn man völlig anderer Meinung ist. Warum ist das so? Weil wir uns alle wünschen, dass wir ernst genommen werden und andere respektvoll mit uns umgehen. Wenn das der Fall ist, sind der Umgang und die Zusammenarbeit nicht nur angenehmer – auch wenn es einmal um eine unangenehme Sache geht –, sondern man schätzt sich auch gegenseitig.

Achten Sie also, ganz persönlich und auch in punkto Selbstmarketing, auch darauf, wie Sie sich im Kollegenkreis verhalten. Dazu gehören wichtige Aspekte wie:

- Geben Sie gerne Auskunft, wenn jemand nicht weiter weiß?
- Teilen Sie Wissen und Informationen mit Ihren Kollegen oder halten Sie alles zurück?
- Gehen Sie respektvoll mit der Zeit anderer um oder überziehen Sie Deadlines, führen häufig Privatgespräche, gehen unvorbereitet in interne Besprechungen …?
- Unterstützen Sie andere und können trotzdem freundlich, aber klar Grenzen ziehen?

Hilfsbereitschaft

Hilfsbereitschaft bedeutet nicht nur, wie häufig propagiert, dass man anderen immer hilft. Vielmehr geht es darum,

- so zu arbeiten, dass andere nicht unnötig zu helfen brauchen,
- rechtzeitig um Hilfe zu bitten,
- Hilfe und Unterstützung anzubieten.

So gibt es zum Beispiel den Kollegen, der häufig überdurchschnittlich lange telefoniert. Bestellungsannahme und privates Plaudern summieren sich pro Gespräch schon mal auf zwanzig bis dreißig Minuten. In dieser Zeit springen die beiden anderen Teammitglieder ein.

Hier entsteht über kurz oder lang Unmut im Team. Denn natürlich kümmert sich das gesamte Team um Kundenanfragen und wird darum ans Telefon gehen, wenn ein Kollege gerade spricht. Das Plaudern sprengt jedoch den normalen Rahmen und zwingt die anderen dazu, über Gebühr für den Kollegen mitzuarbeiten. Darunter leidet nicht nur die persönliche Beziehung – möglicherweise sogar, weil man annimmt, der Kollege mache das in vollem Bewusstsein –, sondern die Kollegen kommen auch mit ihrer eigenen Arbeit in Verzug.

ÜBUNG

Überprüfen Sie Ihr Verhalten im Team

Fragen Sie selbst:

- Wie gut komme ich mit meinem Aufgabenbereich, meiner Tätigkeit und meiner Auslastung klar?
- Brauche ich häufig Unterstützung von Teamkollegen? Wenn ja: für welche Tätigkeiten, wie häufig und weswegen?
- Welche Informationen oder Entscheidungsbefugnisse (oder welche Art von Selbstvertrauen) bräuchte ich, um meine Arbeit noch besser zu erledigen?

Prüfen Sie gemeinsam mit Ihren Teamkollegen:

- Welche Schnittstellen, Zeiten, Tätigkeiten gibt es, in welchen eine Schräglage in oder Unzufriedenheit mit der Leistung der Teammitglieder existiert? Wo lässt sich etwas optimieren? Was und inwiefern?
- Bei welchen Tätigkeiten ist man deshalb auf die Unterstützung eines Kollegen angewiesen, weil man nicht genügend Informationen hat oder nicht gut genug eingearbeitet worden ist?
- An welcher Stelle ist ein Mitarbeiter vielleicht generell überlastet und kann gar nicht anders, als dauernd um Hilfe zu rufen?
- Gibt es Aufgaben/Entscheidungen, bei welchen ein Teamkollege einfach unsicher oder nicht zuversichtlich genug ist, um eigenverantwortlich zu agieren?

Generell sollte es selbstverständlich sein, um Hilfe zu bitten und andere zu unterstützen. Gute Hilfsbereitschaft bedeutet allerdings auch, dass beide Seiten »Nein« sagen dürfen!

Stecken Sie in einer Schublade?

Manchmal bekommt man von anderen ein Etikett verpasst (»Sie ist eine ganz Patente!«, »Er ist ein Choleriker.«, »Du bist immer so umständlich.«) – und manchmal gibt man sich selbst eines (»Ich bin eine graue Maus.«, »Ich bin so inkonsequent.«).

Wenn Sie das Gefühl haben, in einer Schublade zu stecken, dann hinterfragen Sie Ihre Einschätzung zunächst, manchmal trifft Ihr Eindruck nämlich gar nicht zu.

Beispiel: Eine Angestellte bricht in Tränen aus und bewertet das selbst als ganz schrecklich: »Wenn eine Frau weint, wird sie als nicht belastbar wahrgenommen.« oder »Nur weil ich einmal im Stress die Nerven verloren habe, wird man mir nie mehr was zutrauen.« oder »Jetzt glauben alle, ich habe taktisch ein paar Tränchen fließen lassen.«.

Besonders Leute, die selbst andere schnell be- und verurteilen, haben oft Angst davor, man könnte dasselbe mit ihnen tun.

Wenn Sie annehmen, Sie stecken in einer Schublade, können Sie aktiv etwas tun:

1. Betrachten Sie die Situation näher: Wer ist außer mir beteiligt? Wie genau sieht das Etikett meiner Meinung nach aus? Woran mache ich diese Annahme fest?
2. Hinterfragen Sie sich selbst: Wie verhalte ich mich? Was hat meiner Vermutung nach dazu beigetragen oder was trägt dazu bei, dass ich dieses Etikett überhaupt habe?
3. Sie können nun durch Ihr Verhalten gegensteuern und sich aus einer Schublade aktiv herausarbeiten. Oder Sie suchen das offene Gespräch unter vier Augen, um zu erfahren, ob es das Etikett tatsächlich gibt.

Man hat immer einen Eigenanteil – und den kann man nur erkennen, wenn man sich mit sich selbst auseinander setzt und den Blick nicht nur auf die Vorurteile oder falschen Einschätzungen anderer wirft.

Sie sollten auch darauf achten, sich im Berufsalltag nicht selbst einseitig zu präsentieren. Ein typisches Beispiel zur Schublade »der/die ist nicht belastbar«: Viele Leute geben während der Arbeit ständig negative Kommentare ab, lautes Geseufze oder Bemerkungen wie »Ich habe so viel zu tun, ich weiß gar nicht mehr, wo mir der Kopf steht.«. Derlei Statements werden oft einfach automatisch dahingeplappert. Machen Sie sich jedoch klar, dass Sie der Außenwelt dadurch auch eine ständige Überlastung und Überforderung vermitteln.

AUF EINEN BLICK

Präsenz zeigen und Kompetenz vermitteln

- Die Verantwortung dafür, anderen zu zeigen, dass Sie eine Menge auf dem Kasten haben, liegt bei Ihnen! Man fühlt sich häufig deshalb unterschätzt, weil man nicht ausreichend vermittelt, was man kann und möchte.
- Um sich selbst klar einzuschätzen, ist es hilfreich, ein Profil über die eigene Position zu erstellen: Welche Kenntnisse, Fähigkeiten und Eigenschaften sollte man für diesen Aufgabenbereich mitbringen?
- Je präsenter Sie sind, desto mehr können Sie Ihr positives Image untermauern. Achten Sie darauf, dass Worte und Taten übereinstimmen.
- Gutes Selbstmarketing bedeutet nicht nur, generell »sichtbarer« für andere zu sein. Achten Sie auch auf die Details. Denn diese machen den Unterschied zwischen »gut« und »herausragend« aus.

3 Wirkungsvoll und positiv kommunizieren

→ Wie gut man bei anderen ankommt und wie sehr man geschätzt wird, hängt nicht ausschließlich vom fachlichen Know-how und der erbrachten Leistung ab. Auch die Kommunikation ist wichtig, denn mit ihr vermitteln Sie ein Bild von sich und beeinflussen Ihre zwischenmenschlichen Beziehungen, ob positiv oder negativ.

So werden Sie ein angenehmer Gesprächspartner

Wie Sie bei anderen Menschen ankommen und wie gerne diese mit Ihnen zu tun haben, bestimmt ganz wesentlich, wie sehr man Sie akzeptiert und wie offen man Ihnen begegnet. Ein angenehmer und konstruktiver Gesprächspartner zu sein lohnt sich.

Die besten Voraussetzungen hierzu schafft man durch eine grundsätzlich positive Einstellung:

1. **ANDEREN GEGENÜBER**
   (zum Beispiel: Ich bin neugierig, andere kennen zu lernen, und interessiere mich für sie. Ich respektiere andere Menschen und andere Sichtweisen. Auch die anderen sind normale Menschen mit Schwächen und Stärken, genau wie ich selbst.)
2. **SICH SELBST GEGENÜBER**
   (zum Beispiel: Ich bin eine individuelle Persönlichkeit, wie die anderen. Ich habe etwas zu sagen und beizutragen. Andere interessieren sich für mich, genau wie ich mich für andere interessiere.)

Es lohnt sich, sich eine positive Grundeinstellung zu erarbeiten beziehungsweise zu bewahren. Denn so bleibt man von innen heraus locker, wenn die Gangart mal etwas härter wird.

Um zu einem angenehmen Gesprächspartner zu werden, sollten Sie besonders die drei Basisregeln »→ Wirklich zuhören«, »→ Nachfragen und sich auf einen Dialog einlassen« und »→ Die eigene Meinung einbringen« beherzigen.

Wirklich zuhören

Die meisten Menschen haben ein sehr gutes Gespür dafür, ob jemand wirklich zuhört oder »Aktives Zuhören« als reine Technik praktiziert. Ist Letzteres der Fall, wird sich Ihr Gegenüber manipuliert fühlen und Ihnen gegenüber eine Abwehrhaltung aufbauen. Deshalb ist die innere Bereitschaft, sich auf die andere Person einzulassen und sich auf das Gespräch zu konzentrieren, so wichtig. Dann ist es sehr einfach, ein guter Zuhörer zu sein und das zu beweisen, indem man

- Blickkontakt mit dem Gesprächspartner hält beziehungsweise immer wieder aufnimmt;
- verbal oder nonverbal signalisiert, dass man bei der Sache ist;
- sich zurückhält und den anderen nicht unterbricht;
- sich auf das konzentriert, was der Gesprächspartner sagt, anstatt darüber nachzudenken, was man selbst als Nächstes sagen möchte.

TIPP

Manchmal ist es wichtig, zu unterbrechen

- Im Allgemeinen ist es nicht gut, zu unterbrechen oder die Sätze des anderen zu Ende zu führen. Aber manchmal ist es genau richtig: wenn die Zeit drängt, das Gespräch sich falsch entwickelt oder um ein Missverständnis aufzuklären. Wenn Sie dabei höflich bleiben, wird es Ihnen niemand übel nehmen – im Gegenteil! Sie können als »Vorwarnung« ein nonverbales Zeichen geben (die Hand heben oder auch den Gesprächspartner leicht berühren) und sagen: »Es tut mir Leid, dass ich dich/Sie unterbrechen muss. Aber die Zeit läuft uns davon.« – »Entschuldigen Sie bitte, dass ich jetzt einfach so dazwischenfunke. Ich mache es auch nur, um Folgendes zu klären …«.

Nachfragen und sich auf einen Dialog einlassen

Ein guter Dialog ist kein Frage-Antwort-Spiel. Es ist sehr wichtig, dass Sie sich auf Gespräche einlassen, sprich einerseits möglichst viel von Ihrem Gegenüber erfahren, andererseits aber auch selbst etwas einbringen und sich nicht alles aus der Nase ziehen lassen.

Am sinnvollsten sind offene Fragen, also solche, die nicht nur mit Ja oder Nein beantwortet werden können. Zum einen zeigen Sie so Ihr Interesse am Gegenüber und am Thema. Zum anderen animieren Sie Ihren Gesprächspartner so am besten dazu, mehr zu erzählen und aus sich herauszugehen. Hier ein paar Beispiele für offene Fragen:

- »Was genau verbirgt sich hinter Ihrer Berufsbezeichnung?«
- »Sie sind auch Akademiker. Was haben Sie studiert und wo?«
- »Was spricht aus Ihrer Sicht dafür beziehungsweise dagegen?«

Wer fragt, signalisiert nicht nur Interesse, sondern demonstriert Aufmerksamkeit und kann gezielt Informationen einholen. Mit Fragen können Sie ein Gespräch lenken und behalten die Zügel in der Hand. Verwenden Sie Fragetypen wie:

1. GESCHLOSSENE FRAGEN (werden nur mit Ja/Nein beantwortet)
   »Befürworten Sie meine Idee?«
2. RÜCKVERSICHERUNGSFRAGEN
   »Verstehe ich Sie richtig, dass es keinerlei Spielraum bei diesem Termin gibt?«
3. ENTWEDER-ODER-FRAGEN
   »Passt Ihnen der kommende Montag, 14 Uhr, oder ist Mittwoch um 9.00 Uhr besser?«
4. SUGGESTIV-FRAGEN
   »Sind Sie nicht auch der Meinung, dass wir einen Feiertagsnotdienst einrichten sollten?«

Sie können den Dialog nicht nur durch entsprechende Fragen am Leben erhalten, sondern auch durch Sätze wie »Oh, das klingt ja sehr spannend! Es wäre schön, wenn Sie mir mehr darüber erzählen würden.« Bitte verwenden Sie solche motivierenden Äußerungen nur, wenn Sie auch wirklich interessiert sind.

Wenn Sie einmal etwas nicht verstehen oder nicht wissen, wovon die Rede ist, dann fragen Sie nach. Egal, um welche Situation es sich handelt: Offen und selbstbewusst zuzugeben, dass man etwas nicht weiß, und interessiert nachzufragen, ist immer der beste Weg.

Die eigene Meinung einbringen

Viele Leute bringen sich überhaupt nicht ein, da sie denken, dass sie zu wenig wissen. Dabei brauchen Sie für Ihre eigene Meinung keine »Beweise« oder Begründungen. Lassen Sie sich durch solche Gedanken nicht lähmen! Es geht nicht um »objektive Wahrheit«, sondern um verschiedene subjektive Sichtweisen. Sie haben das Recht darauf, einen eigenen Standpunkt zu haben. Wenn Sie Ihre persönlichen Ansichten einbringen, dann leiten Sie diese am besten mit »Meiner Meinung nach …«, »Ich finde …« oder »Ich habe die Erfahrung gemacht …« ein.

Einen Standpunkt zu beziehen, ist tatsächlich eine sehr erstrebenswerte Qualität. Allerdings kommt diese erst dann positiv zur Geltung, wenn Sie erstens Ihre Meinung konstruktiv äußern und zweitens nicht starr und unter allen Umständen daran festhalten. Egal, wie »richtig(er)« Ihre Ansichten Ihnen selbst erscheinen, auch alle anderen haben ein Recht auf eine eigene Meinung! Ein guter Gesprächspartner ist offen für andere Sichtweisen und möchte möglichst viel darüber erfahren. Das bringt für alle Vorteile:

→ Ihr Gesprächspartner merkt, dass Sie ihn anerkennen und an seiner Meinung ehrlich interessiert sind.

- Sie lernen dazu und erfahren entweder neue Aspekte, die Ihnen für Ihre eigene Argumentation nützlich sind, oder Sie verstehen Ihren Gesprächspartner und dessen Standpunkt besser (auch wenn Sie seine Meinung immer noch nicht teilen).
- Sie können auch mit Menschen, die ganz andere Ansichten haben als Sie selbst, einen fruchtbaren Dialog führen, anstatt Fronten aufzubauen.

ÜBUNG

Wie sehen Sie sich **selbst** als Gesprächspartner?

Wie gerne höre ich anderen Leuten zu? Wie sehr interessiere ich mich für sie?

____

____

Wie aufmerksam und konzentriert widme ich mich meinem Gesprächspartner?

____

____

Wie gut kann ich mich auf andere einstimmen?

____

____

Wie oft und wie bringe ich meine Meinung ein?

____

____

Stimme und Körpersprache

Man weiß es aus verschiedenen Untersuchungen und aus eigener Erfahrung: Nicht nur das, was man sagt, sondern auch wie man es sagt, hat eine Wirkung. Da Stimme und Körpersprache maßgeblich am Gesamteindruck beteiligt sind, ist es sehr wichtig und sinnvoll, auf diese Aspekte der Kommunikation zu achten.

Die Stimme kontrollieren

Auch Stimme, Tonfall und Sprachmelodie haben ihre Wirkung und tragen ihren Teil dazu bei, wie man bei anderen ankommt. Wie die Atmung und die gesamte Körpersprache wird auch die Stimme zum Großteil durch unbewusste Prozesse gesteuert.

Die Stimme drückt den inneren Gemütszustand am deutlichsten aus und lässt sich kaum beeinflussen. Wenn man sich freut, genervt ist oder sich ärgert, wird das durch die Stimme vermittelt – selbst wenn man sich ansonsten ziemlich gut unter Kontrolle hat und die Gefühle durch gezielten Einsatz der Körpersprache und Wortwahl zu verbergen versteht.

Da der innere emotionale Zustand sich ganz unmittelbar auf die Stimme schlägt, ist es sehr hilfreich, sich mit den Auslösern selbst zu beschäftigen. Je ausgeglichener Sie sind, je sicherer Sie sich fühlen und je weniger leicht Sie aus der Ruhe zu bringen sind, umso weniger brauchen Sie sich um Ihre Stimme zu sorgen. Machen Sie sich bewusst, unter welchen Umständen Ihre Stimme Ihnen entgleitet und Sie sie nicht mehr unter Kontrolle haben. Wenn Sie an diesen Situationen arbeiten, sie nicht mehr als so schlimm interpretieren oder sich weniger ärgern, »muss« auch Ihre Stimme nicht mehr darauf reagieren.

So können Sie Ihre Stimme und Sprechweise verbessern:

→ **DIE ATMUNG VERBESSERN** Ein ganz wesentlicher Aspekt ist die Atmung. Viele Menschen atmen zu weit oben (Brustatmung). Dadurch atmet man oberflächlicher, es geht einem buchstäblich eher die Puste aus, die Stimme wird kraftloser und bleibt unter Umständen völlig weg. Erst durch die tiefe Bauchatmung nutzen Sie Ihren »Resonanzkörper« vollständig aus: Die Stimme klingt wesentlich kraftvoller und ausdrucksstärker.

Achten Sie auch auf eine aufrechte Körperhaltung, damit Sie frei atmen können. Verkrampfung, Ängste und Unsicherheit engen ein und wirken sich auf die Stimme aus, sie wird gequetscht und tonlos – ganz besonders bei Menschen mit eher piepsiger und leiser Stimme. Die gute Nachricht: Durch Atemübungen können Sie auch andere Verspannungen lösen und Ihre Stimme verändern, sodass sie klangvoller, kräftiger und oft auch tiefer wird. Atemübungen können Sie im Internet oder in entsprechender Literatur finden oder in einem Kurs lernen. Wenn Sie gerne singen, sind Gesangsstunden, die immer auch Atemübungen beinhalten, ideal!

→ **STIMM- UND SPRECHÜBUNGEN DURCHFÜHREN** Mit Sprechtraining verbessern Sie Ihre Aussprache, erhöhen die Modulationsfähigkeit und können so Ihre Stimme und Sprechweise besser kontrollieren und einsetzen. Dazu gibt es Literatur (siehe »Bücher, die weiterhelfen« → Seite 124) mit Übungs-CDs und Kurse. Oder Sie leisten sich einen so genannten »Voice Coach«. Bei Sprachstörungen, Problemen mit dem Redefluss, der Artikulation oder beim Schlucken suchen Sie am besten einen Logopäden auf. Dieser kann die Ursache feststellen und ganz gezielt mit Ihnen daran arbeiten.

→ **DIE EIGENE STIMME AUFZEICHNEN UND NÄHER KENNEN LERNEN** Haben Sie sich schon einmal auf Band aufgenommen und selbst zugehört? Die meisten Menschen bekommen einen Schreck, wenn sie ihre Stimme zum ersten Mal »von außen« hören: Das soll ich sein? Manche können ihre eigene Stimme gar nicht leiden. Ganz klar, innerlich hört sich das ganz anders an. Hören Sie sich einmal selbst zu. Gewöhnen Sie sich an den Klang – vielleicht sind Sie auch positiv überrascht und stellen fest, dass Sie eine sehr angenehme Stimme und Sprechweise haben. Vielleicht wird Ihnen aber auch das erste Mal bewusst, dass Sie etwas schnell sprechen, arg leise sind oder Wortendungen verschlucken. Nur wenn Sie so etwas wissen, können Sie gezielt darauf achten und daran arbeiten.

Es gibt Situationen, die einfach auf die Stimme schlagen. So drückt sich Nervosität mehr oder weniger deutlich durch die Stimme aus, die meistens höher und gepresster wird, als sie normalerweise klingt, und durch einen trockenen Mund. Bitte machen Sie sich klar, dass das ganz normal ist und andere Leute es sehr gut nachvollziehen können. Reden Sie einfach absichtlich langsamer und deutlich, um sich selbst und damit Ihre Stimme schnell zu beruhigen. Gute Hilfsmittel sind auch, einen Schluck Wasser zu trinken und den anderen mitzuteilen, dass Sie nervös sind.

Körpersprache positiv einsetzen

Dass die Körpersprache oder die so genannten nonverbalen Signale von großer Bedeutung in der zwischenmenschlichen Kommunikation sind, ist inzwischen allgemein bekannt. Ja, sie ist zweifellos sehr wichtig. Aber bitte übertreiben Sie es nicht und achten Sie auf keinen Fall krampfhaft darauf. Was für die Stimme zutrifft, gilt auch für die Körpersprache insgesamt: Je stärker Ihr inneres Fundament ist, umso weniger brauchen Sie darauf zu achten. Und wenn Sie eine Zeitlang im Alltag bewusst auf Ihre Köpersprache achten, bekommen Sie leichter mit, welche Signale Sie gerade aussenden – auch ohne sich zu sehr auf Ihre Körpersprache zu fokussieren.

Worauf Sie achten sollten:

→ **ABWERTENDE MIMIK UND GESTIK VERMEIDEN** Zum Beispiel die Augen rollen oder hilfesuchend und vorwurfsvoll in die Runde schauen, wenn jemand etwas sagt, was Sie nicht so gut finden. Das macht man oft unbewusst und einfach aus Gewohnheit. Aber es wirkt sehr destruktiv und macht oft alles zunichte, was man verbal sagt.

→ **NONVERBALE SIGNALE GEBEN, DASS SIE BEI DER SACHE SIND** Nicken Sie beispielsweise Ihrem Gesprächspartner zu, nehmen Sie hin und wieder Augenkontakt auf, schauen Sie auch ruhig mal überrascht oder zweifelnd, lächeln Sie oder nehmen Sie einen entspannten und lockeren Gesichtsausdruck an. So zeigen Sie, dass Sie voll dabei sind und auch als Zuhörer aktiv am Gespräch teilnehmen.

Achten Sie in emotionalen Situationen ganz besonders auf sich und Ihre Körpersprache. Sie können auch bei anderen nachfragen, wie Sie auf sie wirken, oder eine vertraute Person bitten, Sie ganz gezielt zu beobachten und Ihnen dann Feedback zu geben. Denn in kritischen Situationen gibt fast jeder nonverbale Signale von sich, die nicht sehr konstruktiv sind. Aber dieses Verhalten lässt sich durch Aufmerksamkeit und Training aus der Welt schaffen.

Seien Sie ehrlich zu sich: Setzen Sie absichtlich Ihre Körpersprache ein, um Protest oder Missbilligung zu vermitteln, weil Sie sich nicht trauen, das offene und direkte Gespräch zu suchen? Falls ja, ist es sehr wichtig, zu erkennen und zuzugeben, dass Sie sich nicht fair verhalten – weder Ihrem Gesprächspartner noch sich selbst gegenüber.

TIPP

Ihre Mimik

→ Achten Sie besonders in Meetings und in Diskussionen darauf, was Sie machen. Durch einen kritischen und skeptischen Blick, auch wenn er nur Ausdruck der inneren Konzentration ist, wirken Sie leicht »feindlich«.

Apropos Blickkontakt: Es wird häufig geraten, beim Sprechen vor Publikum ganz knapp über die Köpfe der Leute zu schauen, weil dadurch der Anschein entsteht, man nehme mit allen Augenkontakt auf. Für Zweiergespräche wird oft der Blick auf die Nasenwurzel empfohlen und viele schauen anderen während des Redens auf den Mund. Diese Tipps sind gefährlich, denn Blickkontakt ist tatsächlich der Blick IN DIE AUGEN Ihres Gegenübers. Alles andere wirkt künstlich und deshalb unangenehm. Ein lockerer und interessierter Blick in die Augen ist dagegen sehr angenehm und zeigt dem Gesprächspartner, dass Sie sich ganz auf ihn einstellen. Bitte starren Sie den anderen allerdings auch nicht nieder, das ist unangenehm für ihn.

Achten Sie auch auf die körpersprachlichen Signale Ihres Gegenübers. Allerdings nicht, um alles Mögliche hineinzuinterpretieren oder um zu einem schnellen Urteil zu kommen, sondern um adäquat und möglichst schnell darauf reagieren zu können. Achten Sie beispielsweise auf einen fragenden Blick, eine abschätzige Geste oder auch Ungeduld, die sich oft durch Wegschauen oder hektische kleine Bewegungen bemerkbar macht. Es ist sehr wichtig, derlei Zeichen nicht zu übergehen, sondern sie anzusprechen und darauf einzugehen. So können Sie die Sache aufklären und erweisen sich als aufmerksamer und aktiver Gesprächspartner.

Wortwahl und Rhetorik

Auch wenn laut Untersuchungen über 80 Prozent unserer Wirkung auf andere durch die Körpersprache bestimmt werden, spielt natürlich die inhaltliche Ebene eine immense Rolle. Was Sie sagen und welche Worte Sie dafür wählen, kommt beim anderen an und hat sowohl

Auswirkungen auf den Gesprächsverlauf wie auch auf das Bild, das Ihr Gegenüber von Ihnen bekommt.

Darauf sollten Sie achten:

- KLARTEXT REDEN Reden Sie nicht um den heißen Brei herum, sondern sagen Sie offen, was Sie zu sagen haben. Viel besser als ein schwammiges und unsicher wirkendes »Du, äähh, eigentlich will ich mich ja nicht einmischen, aber es wäre schon wichtig, dass immer jemand ans Telefon geht…« ist eine klare Aussage wie »Bitte geh an mein Telefon, wenn ich nicht da bin. Kann ich mich darauf verlassen – so wie du dich auf mich verlassen kannst?« So machen Sie nicht nur deutlich, was Sie meinen und möchten, sondern Sie wirken auch selbstbewusst und souverän.
- PERSÖNLICH, VON SICH REDEN Vermeiden Sie es, über »man« zu sprechen, und bevorzugen Sie die Ich-Form, wenn Sie eigentlich sich selbst meinen. Viel besser als ein distanzierter »Ja, man fühlt sich einfach gut, wenn der Chef einen lobt!« ist die persönliche Variante »Ja, ich fühle mich einfach gut nach diesem Lob von Ihnen!«. Wenn Sie so über sich sprechen, machen Sie sich als Person greifbar und legen den Grundstein für einen echten und persönlichen Dialog. Formulierungen wie »Man sollte hier mal aufräumen« oder »Jemand sollte sich endlich mal darum kümmern!« werfen kein gutes Licht auf den Absender. Denn er macht keine klaren Aussagen und spricht eigentlich niemanden an, sondern stellt einfach Forderungen in den Raum. Es ist sehr wichtig, solche Statements zu vermeiden, weil man sonst leicht in den Ruf kommt, rumzumeckern ohne selbst etwas zu unternehmen. Viel besser ist es, sich an die betreffenden Leute zu wenden und zu sagen: »Ich finde, dass wir hier mal wieder aufräumen sollten. Deshalb schlage ich vor, dass wir uns die Arbeit teilen… Was halten Sie davon?« Denn so beweisen Sie, dass Sie den Mut haben, Dinge offen anzusprechen, dass Sie lösungsorientiert sind und Vorschläge machen können.

→ **VERSTÄNDLICH SPRECHEN** Es ist sehr wichtig, dass Sie Fachausdrücke, Fremdwörter und auch Firmenjargon vermeiden, wenn Leute mit von der Partie sind, die das eventuell nicht verstehen. Natürlich ist nicht jeder arrogant und will durch seine Wortwahl die eigene Überlegenheit beweisen. Vielmehr passiert es unbewusst und einfach aus Gewohnheit. Achten Sie bewusst darauf, denn zum einen können andere Ihnen wirklich nicht folgen, was sich negativ auf das Gespräch auswirkt. Und zum anderen wirken Sie sonst entweder eingebildet oder wie jemand, der auf andere keine Rücksicht nimmt.

→ **POSITIVE FORMULIERUNGEN BEVORZUGEN** Achten Sie unbedingt darauf, dass Sie sich auch in für Sie schwierigen Situationen nicht zu abwertenden Aussagen, beleidigenden Wörtern oder Killerphrasen hinreißen lassen. Besser als »Das kann niemals so funktionieren!« ist: »So habe ich das bisher noch nicht gemacht und deshalb kann ich es mir nicht richtig vorstellen. Ich würde es mir gerne detailliert durch den Kopf gehen lassen und morgen noch mal in Ruhe darüber sprechen.«

TIPP

Negative Gefühle konstruktiv äußern

→ Manchmal kann es gut sein, Enttäuschung oder verletzte Gefühle direkt und auch emotional zu formulieren. Wenn Sie sich über jemanden wirklich ärgern, ist ein »Achtung, jetzt bin ich echt sauer auf dich! Ich kann es kaum glauben, dass du mir die Schuld dafür in die Schuhe schieben willst!« nicht nur befreiend für Sie selbst und ehrlich, sondern auch eine ganz klare Botschaft für den anderen, mit der er unmittelbar etwas anfangen kann. Wichtig ist natürlich, das Gespräch konstruktiv weiterzuführen und auf eine Lösung hinzuarbeiten.

Trainieren Sie, sich prägnant auszudrücken

Wenn Sie erfolgreich kommunizieren möchten, müssen Sie auch in der Lage sein, Ihr Anliegen klar, präzise und knapp zu formulieren. Denn Sie wollen ja weder Gefahr laufen, Ihren Gesprächspartner zu langweilen, noch durch verwirrende Angaben Missverständnisse zu produzieren.

Zusammenfassungen üben

Erzählen Sie sich selbst – oder einem anderen – in wenigen Sätzen, worum es in einem Buch oder Film genau geht. Sie werden sehen, dass das auf Anhieb gar nicht so leicht ist. Feilen Sie so lange daran, bis Sie zufrieden sind.

Die »Betreff-Übung«

Üben Sie, Inhalte auf maximal einen Satz »einzudampfen«.

- Sagen Sie in nur einem Satz, was Sie beruflich tun. Achten Sie darauf, nicht nur Ihren Beruf zu nennen, sondern den Satz so aussagekräftig zu formulieren, dass auch Laien sich ein Bild machen können.
- Wenn Sie ein Gespräch vereinbaren, sagen Sie von vornherein, worum es geht. Also beispielsweise zum Chef nicht nur sagen »Kann ich mal mit Ihnen sprechen?«, sondern Ihr Anliegen glasklar formulieren.
- Üben Sie, den eigenen Standpunkt in einen Satz zu packen. Gibt es im Freundeskreis eine Diskussion? Lesen Sie einen Artikel? Wie ist Ihre Meinung? Achten Sie darauf, konkret zu werden: »Ich finde…, weil…«

Gesprächssituationen im Berufsalltag

Im Berufsleben gibt es immer wieder Gelegenheiten, Ihre Kommunikationsfähigkeiten unter Beweis zu stellen und sich als aktive, überlegte und selbstverantwortliche Persönlichkeit zu zeigen. Auch wenn es um unangenehmere Themen geht oder sich Gesprächspartner persönlich nicht mögen, ist es dennoch wichtig und möglich, ein respektvolles und gutes Klima herzustellen. Selbst wenn man einmal keinen Konsens findet, werden Sie als angenehmer, sachlicher und freundlicher Gesprächspartner geschätzt.

Selbstverständlich gelten alle Tipps auch für wirkungsvolle Telefongespräche. Lassen Sie sich nicht dazu verleiten, nachlässiger zu sein, weil Ihr Gegenüber Sie nicht sehen kann. Gerade deshalb ist es wichtig, am Telefon noch bewusster und aufmerksamer zu sein und mit Ihrer Stimme zu arbeiten. Auch hier sollten Sie alle Regeln guter Kommunikation einhalten. Nebenbei etwas anderes erledigen, mit den Augen rollen, den Hörer weghalten und ähnliche Respektlosigkeiten wirken sich negativ aus: auf Ihre eigene Konzentration – und auch Ihr Gegenüber bekommt mit, dass da etwas nicht stimmt.

Der normale Alltag

Auch wenn wir in diesem Abschnitt eher auf die schwierigeren Gespräche eingehen, so ist es dennoch wichtig, dem Alltäglichen etwas mehr Beachtung zu schenken. Denn gerade das – unsere Gespräche mit Bürokollegen, unser Telefonverhalten, wie wir mit delegierten Aufgaben umgehen… – macht den Hauptteil unseres Images aus. Schulen Sie Ihr Bewusstsein für die Alltagskommunikation.

→ **EIN KOLLEGE BITTET SIE, ETWAS FÜR IHN ZU ERLEDIGEN.** Eine typische Reaktion könnte sein: »Leg's mir hin.« Schöner wäre: »Ich kümmere mich drum.« Oder: »Gut – bis wann brauchst du es?«

→ **SIE FÜHREN EIN (TELEFON-)GESPRÄCH.** Es kommt gut an, wenn Sie zum Abschluss zusammenfassen, was vereinbart wurde (»Dann kümmere ich mich noch um Informationen X und Y und sende sie Ihnen bis Dienstag zu.«), oder sich für das Gespräch bedanken (»Ich freue mich, dass Sie sich die Zeit genommen haben.«). Gerade bei Kollegen vergisst man das leicht.

→ **BITTE UND DANKE** Gerade wenn die Zusammenarbeit sehr eng ist, werden viele Dinge selbstverständlich. Oder man denkt sich, dass der andere ja sowieso weiß, dass man ihn schätzt und mag. Höflich um etwas zu bitten, anstatt nur reine Fakten weiterzugeben, und sich für Hilfe zu bedanken, auch wenn es keine große Sache war, kommt gut an – und man selbst freut sich ja auch darüber.

TIPP

Die Aussagen des Gegenübers wiederholen

→ Wenn Sie eine Aufgabe übertragen bekommen, wiederholen Sie am besten in eigenen Worten, was Sie tun werden beziehungsweise was Sie verstanden haben, dass Sie tun sollen. Das kommt einem im ersten Moment etwas komisch vor, weil es ungewohnt ist. Dennoch können Sie so Ihr Selbstmarketing verbessern. Denn zum einen zeigen Sie, dass Sie aufmerksam zugehört und verstanden haben, worauf es ankommt. Zum anderen geben Sie sich und der anderen Person die Gelegenheit, Missverständnisse auszuräumen oder fehlende Informationen hinzuzufügen, wodurch die delegierte Tätigkeit oder das Projekt schneller und effektiver erledigt werden kann.

→ **ÜBER ANDERE SPRECHEN** Ihr Standing im Team und Ihre Integrität werden sehr stark dadurch geprägt, wie Sie sich über andere unterhalten. Dass jeder Mensch auch mal hinter dem Rücken anderer über sie spricht, ist ganz klar. Doch auf welche Weise das geschieht, spielt eine große Rolle. Positiv über Abwesende zu sprechen ist nie ein Problem. Anders sieht es mit negativen Kommentaren aus. Denn es ist nicht nur unfair, schlecht über Abwesende zu sprechen, es schadet auch Ihrem Ansehen. Sogar wenn Sie mit einer befreundeten Kollegin über jemanden herziehen. Denn es bleibt unweigerlich die Frage: »Wie redet er oder sie über mich, wenn ich zur Tür hinausgehe?« Bekommen Sie mit, dass andere über eine abwesende Person sprechen oder Sie in ein Lästergespräch hineinziehen möchten, dann halten Sie sich raus (»Ich finde es nicht gut, über Abwesende zu sprechen, das würde ich auch nicht wollen«). Oder noch besser, ermutigen Sie die andere(n) dazu, das direkte Gespräch zu suchen (»Ich verstehe deinen Ärger. Am besten ist es, du sprichst X persönlich darauf an. Dann könnt ihr das klären.«).

TIPP

Welche Aussagen sind o.k.?

→ Ein guter Maßstab ist, nur das zu sagen (und auch zu schreiben), was man jederzeit offiziell vertreten könnte. Wenn Sie Angst haben müssten, dass jemand ein Gespräch mithört oder eine Ihrer E-Mails zu lesen bekommt, dann sollten Ihre Alarmglocken schrillen. Am besten beraten sind Sie damit, immer nur das von sich zu geben, was andere – auch die Person, um die es geht – getrost hören dürfen. Ihre inhaltlichen Kritikpunkte dürfen Sie jederzeit vorbringen, doch es kommt auf die Art an (lästern oder schimpfen sollten absolut tabu sein).

Geschickt argumentieren

Lassen Sie uns anhand des Beispiels »Gehaltserhöhung« näher erläutern, wie eine gute Vorbereitung aussieht und zu guten Argumenten und Selbstsicherheit im Gespräch führt.

Wichtige Faktoren für ein erfolgreiches Gehaltsgespräch sind

1. sich selbstkritisch mit sich auseinander zu setzen (das heißt, die Situation auch aus Sicht der Firma zu sehen),
2. zu wissen, was Sie wollen – und konkret zu werden (das heißt, begründen zu können, warum Sie die Erhöhung verdienen).

Sie kennen die typischen Taktiken für eine höhere Gehaltsforderung:

- den Verweis auf den Branchendurchschnitt (»in unserer Branche verdient man eigentlich...«),
- den Verweis auf das Gehalt von Kollegen,
- drohen oder erpressen (»wenn ich nicht mehr bekomme, muss ich mir Konsequenzen überlegen«),
- auf die Firmenzugehörigkeit pochen (»es wäre an der Zeit«),
- den Hinweis auf gestiegene Lebenshaltungskosten,
- betteln (»ich brauch einfach mehr Geld«).

Mit solchen Statements erreichen Sie nicht nur nichts, sondern zeigen damit sehr deutlich, dass Sie sich nicht viele Gedanken gemacht haben – oder noch schlimmer, dass es kein wirkliches Argument für eine Erhöhung Ihres Gehaltes gibt.

Wenn Sie gut argumentieren möchten, ist es wichtig, nicht nur Ihre eigenen Wünsche und Bedürfnisse im Auge zu haben, sondern sich immer auch in die Lage Ihres Gesprächspartners zu versetzen. Beispielsweise ist für jedes Unternehmen Wirtschaftlichkeit wichtig. Wenn es also darum geht, jemandem das Gehalt zu erhöhen, dann möchte die Firma natürlich auch etwas davon haben.

1 KONKRETISIEREN, WAS SIE MÖCHTEN

Welche Erhöhung streben Sie an? Geht es um mehr Festgehalt – oder wären Sie auch mit einer Provisionsregelung einverstanden? Wenn Provision: Wovon könnte diese abhängig sein? Wie ist sie messbar? Könnte die Erhöhung auch in anderer Form erfolgen, also zum Beispiel als Fortbildung, die das Unternehmen bezahlt? Wäre eine reduzierte Arbeitszeit eine Alternative?

2 BEGRÜNDEN KÖNNEN

»Warum verdiene ich diese Erhöhung?«
»Was hat das Unternehmen von mir und meiner Leistung?«
Vorsicht vor Argumenten, die keine sind. Der Verweis, dass Sie Ihre Arbeit immer gut und termingerecht erledigen, wäre ein Schuss in den Ofen: Denn das kann man voraussetzen und dafür bekommen Sie Ihr jetziges Gehalt.

3 MÖGLICHE GEGENARGUMENTE VORWEGNEHMEN

Was könnte gegen die Erhöhung sprechen? Wie, glauben Sie, wird Ihr Chef auf Ihren Wunsch nach einer Gehaltserhöhung reagieren?
Es ist wichtig, auch daran zu denken, dass gut geführte Unternehmen mit einem festgelegten Budget arbeiten, das heißt, dass gerade für Gehaltserhöhungen »außer der Reihe (Planung)« nicht immer tatsächlich Spielraum da ist. Nutzen Sie dieses Buch dazu, sich über Ihre Leistungen und Ihre besonderen Eigenschaften und Fähigkeiten Klarheit zu verschaffen. Damit haben Sie die Argumente für mehr Gehalt schon parat!

Ins Gespräch gehen Sie am besten mit Ihren Notizen. Dann fällt es Ihnen leichter, auf Kurs zu bleiben. Seien Sie freundlich, sachlich und bestimmt. Wenn Ihr Chef die Gehaltserhöhung ablehnt, dann fragen Sie genau nach. Finden Sie heraus,

- was gegen die Erhöhung spricht,
- was passieren müsste, damit Sie eine Erhöhung bekommen.

Nur wenn Sie auch wirklich qualitative Aussagen erhalten, können Sie gemeinsam auf einen »grünen Zweig« kommen. So kann es sein, dass Ihrem Chef momentan die Hände gebunden sind und er keine Gehaltserhöhung geben kann. Dann ist es wichtig, dass Sie das klären und »Plan B« angehen. Also etwa den Vorschlag mit der Fortbildung einbringen oder fragen, wie es mit den Perspektiven aussieht.

Beherzigen Sie das Feedback Ihres Vorgesetzten. Gibt es Kritik an Ihrer Leistung, fragen Sie genau nach, bleiben Sie immer offen und rechtfertigen Sie sich nicht spontan. Vereinbaren Sie gemeinsam, was geschehen soll.

Ideen präsentieren

3

Gute Ideen verpuffen leider oft, weil sie nicht klar genug oder »schnell-schnell« zwischen Tür und Angel vorgebracht werden. Das muss nicht sein. Wenn Sie eine Idee haben, und vor allen Dingen, wenn sie komplexer ist, lohnt es sich, dieser von vornherein mehr Gewicht zu verleihen – und ihr dadurch auch eher Gehör zu verschaffen. Auch wenn die Idee selbst nicht umgesetzt werden sollte, wird man dennoch anerkennen, wie initiativ und strukturiert Sie Ihre Arbeit machen beziehungsweise wie überzeugend Sie argumentieren.

1. Geben Sie Ihre Ideen nie einfach spontan zum Besten, sondern denken Sie diese erst durch und beachten Sie den Nutzen beziehungsweise mögliche Konsequenzen (zum Beispiel auf andere Arbeitsprozesse oder Abteilungen).
2. Für das Präsentieren Ihrer Idee gehen Sie mit gut strukturierten Notizen ins Gespräch mit der Person, die darüber entscheiden kann. Bei Angestellten wird die Entscheidung meistens der Chef fällen, es können aber auch die Kollegen sein, wenn Sie eine Arbeitsweise im Team unter sich besprechen; bei Selbstständigen ist es in der Regel der Auftraggeber oder ein Geschäftspartner.

Je nach Thema empfiehlt sich eine schriftliche Zusammenfassung für Ihr Gegenüber. Wenn es um ein umfangreiches oder kompliziertes Projekt geht, sollten Sie die Zusammenfassung den betreffenden Personen rechtzeitig vor dem Gespräch geben, damit diese sich schon einlesen und vorbereiten können.

3 Bauen Sie die Haupteinwände gleich in Ihre Präsentation mit ein. Nachdem Sie Ihre Idee präsentiert haben, lassen Sie Ihr(e) Gegenüber gleich wissen: Ich habe mir überlegt, welche Einwände oder Hindernisse es geben könnte. Zählen Sie dann die Haupteinwände und Ihren jeweiligen Lösungsvorschlag auf.

4 Seien Sie offen und nehmen Sie Input an. Schmettern Sie kritische Stimmen nicht gleich ab beziehungsweise reagieren Sie nicht beleidigt. Da Sie sich gut vorbereitet haben, kennen Sie etwaige Schwachpunkte Ihrer Idee ja bereits und haben gute Gegenargumente parat. Nutzen Sie Einwände dazu, souverän und selbstbewusst für Ihren Einfall einzustehen. Wenn Sie nicht sofort auf eine Frage antworten oder zu einem neuen Vorschlag etwas sagen können, bitten Sie um Bedenkzeit: »Dazu kann ich im Moment nichts sagen, ich kümmere mich darum.« – »Darüber muss ich noch nachdenken. Können wir später darüber sprechen?«

Gibt es Kritikpunkte, bei denen Sie selbst gleich merken, dass Ihre Idee doch nicht so gut ist, dann geben Sie das zu. Ihr Engagement wird trotzdem gesehen. Und oft sind Einfälle auch der Zünder für andere gute Ideen, die ansonsten gar nicht zur Sprache gekommen wären.

Über unpopuläre Dinge sprechen

In einer Situation, in welcher man Kritik übt oder selbst kritisiert wird, fühlen sich die meisten Menschen sehr unwohl. Gerade dann kommt es auf das »Wie« an. Denn Entschiedenheit und Freundlichkeit schließen sich keineswegs aus!

Sie werden kritisiert

Ihr »Standing« im Beruf ist unter anderem auch davon abhängig, wie Sie mit Kritik umgehen können. Sei es, dass Ihnen ein Fehler unterläuft oder Ihr Verhalten bei jemand anderem nicht so gut ankommt. Ihre Reaktion auf Einwände ist maßgeblich dafür, wie Sie im Kollegenkreis anerkannt werden. Und dafür, wie offen Ihr Umfeld Kritikpunkte äußert. Wer böse, gleichgültig oder gar beleidigt reagiert, fördert nur, dass Kritik hinter seinem Rücken die Runde macht.

ÜBUNG

Trainieren Sie ihre Kritikfähigkeit

- Hören Sie zu und fragen Sie nach, was konkret gemeint ist.
- Wenn Sie bestürzt oder ärgerlich sind, dann sagen Sie das (»Ich bin jetzt sehr aufgebracht«), aber verfallen Sie nicht gleich in Rechtfertigungen.
- Werden Sie auf unfaire oder beleidigende Art kritisiert? Dann sprechen Sie das an (»Ich finde es gut, dass Sie das Gespräch suchen – aber ich bitte Sie, nicht in diesem Ton mit mir zu sprechen«).
- Schildern Sie Ihre Sicht beziehungsweise fragen Sie nach, welche Lösung sich Ihr Gesprächspartner vorstellt (nicht um diese 1:1 zu übernehmen, sondern um zu erkennen, worauf Ihr Gegenüber hinausmöchte).
- Wenn Sie sich nicht sofort äußern können, weil Sie zu aufgebracht sind, dann erklären Sie, dass Sie das erst verdauen möchten.

Wenn Sie von sich selbst wissen, dass Sie mit Kritik nicht gut umgehen können, sagen Sie das ruhig ganz direkt (»Auch wenn ich Ihre Offenheit gut finde, kann ich mit Kritik spontan nicht gut umgehen«). Dadurch nehmen Sie viel Druck von sich und Ihrem Gegenüber und entspannen die Situation.

Sie kritisieren andere

Der Kollege xy hat schon wieder den Rückrufzettel schlampig ausgefüllt. Die Mitarbeiterin hält nie ihre Deadline ein. Die Computerabteilung hat die Reports wieder nicht gemacht, obwohl Sie schon mehrfach auf die Dringlichkeit hingewiesen haben…

Um konstruktive Kritik üben zu können, sollten Sie immer bei sich bleiben. Legen Sie aus Ihrer Sicht dar, was Sie stört und warum. Sprechen Sie immer aus Ihrer Perspektive und verwenden Sie »Ich-Botschaften«:

- »Mich stört, dass…, weil…«
- »Bei mir kommt es so an, dass…«
- »Ich bin durch dein Verhalten verletzt, weil….«

Vermeiden Sie, verbal anzugreifen (»Du machst immer das-und-das…«)! »Bei sich bleiben« heißt auch, dass Sie andere außen vor lassen. Versuchen Sie nicht, glaubwürdiger zu werden, indem Sie die Allgemeinheit oder andere mit ins Spiel bringen: »Jeder denkt…«, »Herr Meier findet auch…«.

Wenn sich Ihr Gesprächspartner ungut verhält (abblockt, beleidigend wird, einen Angriff startet), dann atmen Sie tief durch und denken Sie daran, wie schwierig so eine Situation für den anderen sein kann. Selbst wenn die Kritik innerlich ankommt, kann es sein, dass nach außen der Anschein von Kritikresistenz entsteht. Haben Sie Verständnis dafür, dass nicht jeder im ersten Moment richtig reagieren kann. Kritikfähigkeit ist eine Eigenschaft, die viele von uns erst noch lernen müssen und möchten.

Sie fühlen sich unwohl?

Vielleicht gehören auch Sie zu den Menschen, die grundsätzlich gut mit anderen können. Aber wenn es brenzlig wird, kommen Sie leicht in die Bredouille, werden von Ihren Gefühlen übermannt und legen alles andere als gutes Selbstmarketing an den Tag. Das ist schade, denn gerade kritische Situationen bieten die Gelegenheit, sich zu bewähren und bei den anderen (noch) besser anzukommen, was auch das eigene Selbstwertgefühl stärkt. Das Gegenteil ist der Fall, wenn man in unangenehmen Situationen »versagt«.

Wie Sie solche Situationen bewerten, spielt eine große Rolle. Wenn Sie sie als Bedrohung empfinden und unbedingt vermeiden wollen, ist die Wahrscheinlichkeit sehr groß, dass Sie im »Ernstfall« verkrampft und gestresst sind und deshalb nicht zu Ihrem Vorteil reagieren. Wenn Sie dagegen davon ausgehen, dass es sich um eine Chance für Sie handelt, haben Sie viel bessere Karten.

Es folgen ein paar Beispiele, wie Sie mit unangenehmen Situationen umgehen können.

Sie fühlen sich attackiert oder provoziert

Gehen Sie davon aus, dass Ihr Gegenüber das nicht aus Gemeinheit und Bosheit macht, sondern aus Unsicherheit oder weil er oder sie unter großem Druck steht und mit den eigenen Emotionen nicht besser umgehen kann. Dann fällt es Ihnen viel leichter, tief durchzuatmen und die Situation souverän zu meistern, indem Sie beispielsweise

→ nachfragen, wie die Person das gemeint hat,
→ ruhig und gefasst sagen, dass Sie diese Äußerung oder Handlung nicht fair finden und sich verletzt fühlen,
→ Ihrer Verwunderung Ausdruck verleihen und Verständnis äußern (»Oh, was ist los? Wenn du mich so anraunzt, dann muss etwas Schlimmes passiert sein!«).

Sie fühlen sich ungerecht behandelt

Es gibt den schönen Satz »Es gibt immer drei Seiten – meine Sicht, deine Sicht und so, wie es wirklich ist«. Gehen Sie davon aus, dass es sich nur um Ihre Sicht der Dinge handelt und es sich lohnt, mit dem anderen darüber zu sprechen. Dann fühlen Sie sich weniger verletzt und tun sich leichter, das Gespräch zu suchen und

- über Ihre Interpretation der Situation offen zu sprechen,
- zu fragen, wie der andere die Sache sieht,
- klar zu sagen, wie Sie gerne behandelt werden möchten.

Die Atmosphäre ist emotionsgeladen

Im Streit können keine sachlichen und freundlichen Gespräche geführt werden. Erstes Ziel ist deshalb, sich zu beruhigen!

Wenn Ihr Gesprächspartner verärgert ist, sollten Sie

- den anderen ausreden lassen;
- gezielt nachfragen beziehungsweise wiederholen;
- Verständnis für den Ärger des anderen haben und sich entschuldigen. Das wird häufig verwechselt mit Recht geben, es geht jedoch nur darum, Verständnis für den Ärger des anderen zu zeigen.

Mit diesem Einstieg – wenn Sie es ernst meinen und an einer Lösung interessiert sind – haben Sie Ihrem Gesprächspartner bereits etwas den Wind aus den Segeln genommen, weil er merkt, dass er ernst genommen wird und Sie sich bemühen, sein Problem zu lösen.

Wenn Sie selbst verärgert sind:

- Sofern Ihr Ärger nichts mit dem anderen zu tun hat, sagen Sie das sofort! Manchmal ist man ja mit dem falschen Fuß aufgestanden oder hat sich gerade über etwas anderes geärgert.
- Bemühen Sie sich um einen ruhigen Ton. Das geht am besten, wenn Sie offen und sachlich sagen, was Sie so zur Weißglut bringt.

- Vielleicht haben Sie sich vor lauter Ärger im Ton vergriffen. Entschuldigen Sie sich dafür, am besten sofort. Wenn Sie sich dazu nicht gleich überwinden können, dann im Nachhinein.
- Bitten Sie um eine Pause. Atmen Sie tief durch und gewinnen Sie Ihre Fassung wieder, bevor das Gespräch weitergeht.

Tue Gutes und rede darüber…

Keine Sorge, Sie sollen sich nicht aufspielen und Ihre Umwelt ständig wissen lassen, wie toll Sie sind und wie gut Sie Ihren Job machen! Denn angeben und sich aufdrängen ist ja das genaue Gegenteil von gutem Selbstmarketing. Abgesehen davon, dass »Selbstbeweihräucherer« einfach lästig sind, kommt leicht der Verdacht auf, dass sie es wohl nötig haben und nicht viel dahintersteckt. Viel sinnvoller ist es hingegen, sich anderen zu öffnen und gerne zu zeigen, welchen Beitrag man leistet und wie gut man seinen Job erledigt. Doch wie sieht das nun in der Praxis aus? Wie spricht man über seine Leistung, ohne als Angeber dazustehen?

Die wichtigsten Grundregeln ergeben sich aus diesem Satz: »Was sage ich wann, wem und wie?«

1 ANGEMESSEN UND NICHT INFLATIONÄR (WAS?)

Bewerten Sie Ihre Resultate nicht nur nach Schwierigkeitsgrad oder danach, wie viel Arbeit Sie hatten, sondern behalten Sie immer das Ergebnis im Auge. Oft sind es gerade die Kleinigkeiten, die große Vorteile mit sich bringen. Natürlich heißt das nicht, jede Kleinigkeit überzubewerten. Wer die Dinge aufbläht, beweist damit nur, dass er keinen Blick für Wichtiges und Unwichtiges hat.

TIPP

Bereiten Sie sich immer gut auf »Eigenlob«-Gespräche vor

- Denken Sie in Ruhe über Ihre Leistungen und Resultate nach und notieren Sie sich konkret einzelne wichtige Aspekte. Interessant ist natürlich besonders der Mehrwert, den Ihr Einsatz und Ihr Know-how gebracht haben.
- Benennen Sie alle Vorteile der Ergebnisse möglichst genau: Welche konkreten positiven Auswirkungen gibt es für das Unternehmen?
- Überlegen Sie nun, was genau Sie zu diesem Erfolg beigetragen haben: Waren Sie der Urheber der Idee? Haben Sie daran mitgearbeitet? Welche persönlichen Eigenschaften und Fähigkeiten waren besonders wichtig?

2 GELEGENHEITEN NUTZEN UND SCHAFFEN (WANN?)

Das jährliche Mitarbeitergespräch, Besprechungen, ein Zweiergespräch… je nach Gesprächspartner und Thema können Sie Ihre Leistungen gezielt einbringen. Außerdem sollten Sie sich aktiv darum bemühen, zum Beispiel Ihren Chef um ein Feedbackgespräch bitten, wenn das Jahresgespräch erst wesentlich später stattfindet. Natürlich bieten auch schriftliche Varianten sehr viele Möglichkeiten, die eigene Leistung im Alltag einzubringen (E-Mails, interne Berichte…).

3 DAS RICHTIGE PUBLIKUM WÄHLEN (WEM?)

Es ist wichtig, dass die richtigen Leute mitbekommen, was Sie leisten. Kein Missverständnis bitte: Damit sind nicht nur Vorgesetzte gemeint. Oft setzen Mitarbeiter Himmel und Hölle in Bewegung, um für einen Kunden etwas zu erreichen. Sei es, eine knappe Deadline einzuhalten oder einen Sonderservice zu ermöglichen. Aber dem Kunden gegenüber machen sie das nicht deutlich, sondern tun so, als ob es das Normalste auf der Welt wäre. Das »richtige Publikum« sind also vor allen Dingen die Menschen, die von Ihrer Leistung profitieren.

4 AUSSAGEKRÄFTIG, »WERBLICH« UND AUF DEM GEEIGNETEN WEG (WIE?)

Gewöhnen Sie sich daran, gut über sich selbst zu sprechen. Damit ist keine wilde Angeberei gemeint, sondern das Selbst-bewusst-Sein und die innere Sicherheit, wenn Sie etwas gut gemacht haben, und der berechtigte Stolz darauf. Wer sich damit unwohl fühlt: Üben! Sonst wirken Sie, unabhängig vom Inhalt, unsicher und man nimmt Ihnen nicht so recht ab, was Sie sagen.

Sehen wir uns das anhand eines konkreten Beispiels näher an: In einem Team gibt es immer wieder Probleme mit der Vertretung, da alle Schreibtische unterschiedlich organisiert sind und auch die Organisation im PC uneinheitlich ist. Ein Mitarbeiter gibt den Anstoß, eine einheitliche Struktur zu schaffen.

→ **FORMULIERUNG A** Schlecht, weil weder der Verdienst des Mitarbeiters klar wird noch der Grund und die Vorteile der Umorganisation erwähnt werden: »Im Verkaufsteam wurde die Organisation am Schreibtisch und PC teamweit vereinheitlicht. Dadurch ist die gegenseitige Vertretung einfacher.«

→ **FORMULIERUNG B** Besser, weil sie die Initiative des Mitarbeiters hervorhebt – allerdings ist sie zu Ich-bezogen; das Engagement des Teams und die Vorteile kommen nicht ausreichend vor: »Ich hatte die Idee, die Organisation in der Abteilung zu vereinheitlichen: Sowohl die Ordnung und Ablage am Schreibtisch als auch die im PC wurden von mir analysiert und ein ideales Ordnungsmodell erstellt. Wir arbeiten nun bereits zwei Wochen mit der einheitlichen Struktur und alle Teammitglieder sind zufrieden mit meiner Anregung.«

→ **FORMULIERUNG C** Ein Vorschlag, der allen Aspekten gerecht wird: »In der Vergangenheit war die gegenseitige Vertretung oft schwierig und kostete jeden zu viel Zeit. Der Grund: unterschiedliche Organisation am Arbeitsplatz. Auf meine Anregung hin haben wir gemeinsam im Team besprochen, wo die Schwierigkeiten konkret liegen und wo Verbesserungspotenzial besteht. Auf dieser Basis habe ich einen Vorschlag für den ‚idealen Arbeitsplatz' erstellt und wir haben im Team darüber diskutiert. Die neue, einheitliche Arbeitsplatzstruktur ist nun seit zwei Wochen zu aller Zufriedenheit im Einsatz. Neben schnelleren Reaktionszeiten für unsere Kunden, weniger Zeitaufwand für das Suchen von Vorgängen schaffen wir es nun auch, die Aufgaben abwesender Kollegen besser im Team zu verteilen. So funktioniert nicht nur die Vertretung besser, sondern auch die Wiederaufnahme der Arbeit nach Krankheit oder Urlaub verläuft problemlos.«

Manchmal reichen auch kleine Formulierungen aus, beispielsweise indem Sie einem Kunden nicht nur den Nachlass mitteilen, sondern dazuschreiben, dass Sie sich dafür intern eingesetzt haben.

Wie Sie sich selbst einschätzen und beurteilen spielt auch hier eine zentrale Rolle. Wenn man seine Leistungen immer kritisch beäugt und nie so richtig zufrieden mit sich ist, untergräbt man sich selbst. Zum einen hat man höchstwahrscheinlich keine sehr positive Ausstrahlung, zum anderen redet man entweder überhaupt nicht über die eigene Arbeit oder wenn, dann ziemlich zurückhaltend. Das macht es anderen sehr schwer zu erkennen, was man auf dem Kasten hat und tatsächlich leistet.

Die eigene Arbeit sichtbar machen

Natürlich ist es schön, wenn Vorgesetzte und Kollegen genau hinschauen und klar erkennen, dass und welchen wichtigen Beitrag Sie zum Ganzen leisten. Wenn das passiert: Schätzen Sie sich glücklich und freuen Sie sich über die Zuwendung. Meistens fällt gute Leistung aber nicht von alleine auf, deshalb ist es sinnvoll, sich selbst ins Zeug zu legen.

Wenn andere Ihre Leistung zu wenig oder nicht sehen, muss das keineswegs negative Beweggründe wie Desinteresse, Alles-für-selbstverständlich-Nehmen oder gar Ablehnung haben. Meistens sind es einfach Zeitmangel und/oder die sehr weit verbreitete Gewohnheit, sich nur dann zu melden, wenn etwas nicht läuft (»Nicht geschimpft ist auch gelobt.«). Gerade wenn Sie Ihr Aufgabengebiet sehr gut managen und immer alles reibungslos über die Bühne bringen, bekommt das Umfeld meist gar nicht mit, was Sie wirklich leisten. Dieser Gedanke sollte konstruktiv für Sie sein, denn es ist sehr wichtig, dass Sie mangelnde Anerkennung nicht zum Vorwurf machen, sondern einfach in eigener Sache aktiver werden.

ÜBUNG

Schreiben Sie auf, was genau Sie alles machen

Verschaffen Sie sich einen guten Überblick über Ihre Tätigkeiten. Dies hilft Ihnen, eine sinnvolle Strategie auszuarbeiten – und ist auch eine gute Vorbereitung für Gespräche mit dem Chef. Halten Sie folgende Dinge fest:

- Tägliche Aufgaben

  ___

- Regelmäßige Aufgaben (zum Beispiel einmal in der Woche)

  ___

- Sporadische Aufgaben

  ___

Hier ein paar Anregungen, wie Sie im Arbeitsalltag Ihre Arbeit und Ihre Leistungen sichtbar(er) machen können:

→ **ZEIGEN SIE IHRE FREUDE, WENN SIE ETWAS GESCHAFFT HABEN** Sie können ein erfreutes Gesicht machen; den Kollegen oder dem Chef sagen, was Ihnen gerade gelungen ist; oder auch mal einen ausgeben, wenn etwas Besonderes passiert ist. »Aber wirkt das nicht angeberisch?«, fragen Sie sich vielleicht. Das hängt von Ihrem Auftreten ab. Gut ist, wenn Sie sich einfach nur freuen (und nicht andere klein machen wollen) und sagen: »Hey, Leute, ich habe es endlich geschafft, den Kunden XY zu bekommen. Ich bin total happy!«

→ **EIGENE ERFAHRUNGEN GERNE WEITERGEBEN UND HILFE ANBIETEN** Wenn Sie etwas gut machen, eine gute Arbeitsweise oder die ideale Organisation für Ihren Arbeitsbereich gefunden haben, können Sie das an Kollegen weitergeben. Oder auch mal dem Chef mitteilen. Selbstständige können ihren Kunden als Service weiterführende Tipps geben, die diese in Eigenregie umsetzen können.

→ **IHRE ARBEIT GUT UND GERNE ERKLÄREN** Es gibt verschiedene Gelegenheiten, von der eigenen Arbeit zu erzählen und Details zu erklären: zum Beispiel dem Chef, der danach fragt; neuen Mitarbeitern, die Sie einlernen; oder in Meetings. Wie Sie das machen – kurz angebunden und auf das Wesentliche beschränkt oder ausführlicher und mit Freude – trägt zu Ihrem Image bei.

→ **RÜCKMELDUNG GEBEN, WIE SIE VORANKOMMEN** Informieren Sie Ihren Vorgesetzten beziehungsweise Auftraggeber über den Stand eines Projektes. Wenn Sie einen regelmäßigen Termin dafür haben: Bereiten Sie sich gut vor und geben Sie eine Zusammenfassung. Wenn nicht, nehmen Sie von sich aus Kontakt auf, am besten persönlich. Sie können Ihren Besuch ankündigen oder vorbeikommen und sagen: »Herr XY, bestimmt möchten Sie gerne wissen, wie unser Projekt voranschreitet. Haben Sie kurz Zeit für mich, ich würde Ihnen gerne das Neueste erzählen?«

ÜBUNG

Selbst-Check: Wie reden Sie über sich selbst?

Denken Sie über die folgenden Situationen nach:

Umgang mit sich selbst:

Welchen inneren Monolog führen Sie, wenn Sie etwas gut gemacht haben? Loben Sie sich oder nehmen Sie es als selbstverständlich hin?

___

Wie reden Sie mit sich selbst, wenn Sie einen Fehler gemacht haben?

___

Umgang mit anderen:

Was tun und sagen Sie, wenn Sie etwas gut gemacht haben? Freuen Sie sich darüber und lassen Sie es andere wissen? Oder behalten Sie es lieber für sich?

___

Was tun und sagen Sie, wenn Sie etwas nicht so gut oder einen Fehler gemacht haben? Geben Sie es zu und bereinigen Sie die Sache oder gehen Sie sofort in die Defensive beziehungsweise reiten ewig darauf herum?

___

Wie reden Sie über sich selbst in Beurteilungsgesprächen? Präsentieren Sie Ihre Erfolge gerne oder ist alles gar nicht der Rede wert?

___

___

Wie gehen Sie mit Lob um?

Es ist nicht immer der Fall, dass alle Menschen etwas so Angenehmes wie Lob oder Komplimente gerne und mit Freude annehmen. Manche lassen positives Feedback nicht wirklich an sich heran und legen sich damit selbst Steine in den Weg. Denn sie machen es anderen – meist unbewusst – sehr schwer und wundern sich vielleicht, warum sie so selten ein gutes Wort zu hören bekommen.

Hier ein paar Beispiele für Reaktionen auf Lob, die nicht so gut ankommen:

- **DIE SACHE HERUNTERSPIELEN** »Ich mache einfach nur meinen Job!« – »Das ist doch nichts Besonderes. Das kann doch jeder.« Wenn Menschen so auf Lob und Komplimente reagieren, dann meistens aus Unsicherheit und weil sie nicht anders mit ihrer inneren Rührung über das Lob umgehen können. Trotzdem wird dem Absender signalisiert, dass das positive Feedback nicht wirklich angenommen wird.
- **BERECHNUNG ODER EINE FALLE UNTERSTELLEN** »Bestimmt sagt er/sie das nur, um mir Honig um's Maul zu schmieren!« – »Was steckt da wohl dahinter, dass der/die so nett ist mit mir? Wo ist der Haken?« Solche Gedanken zeigen sich meist in skeptischen Blicken und einer ablehnenden Körpersprache. Das kann für den anderen ein richtiger Schlag ins Gesicht sein. Wer öfter so reagiert, schmälert nicht nur seine Aussichten auf positives Feedback, sondern beschädigt grundsätzlich die zwischenmenschlichen Beziehungen.
- **MANGELNDE SACHKENNTNIS UNTERSTELLEN** Diese Botschaft kann durch fragende, skeptische beziehungsweise überhebliche Blicke und/oder entsprechende Bemerkungen (»Das kann doch nicht Ihr Ernst sein!?!« – »Für diese Kleinigkeit machst du mir ein Kompliment?!«) vermittelt werden. So lehnt man nicht nur das Feedback ab, sondern zeigt auch unmissverständlich, dass man von der Urteilskraft des anderen nicht viel hält. Schlecht für das eigene Image, da man wie ein Mensch mit wenig Fingerspitzengefühl wirkt.

Positives Feedback durch verbale oder nonverbale Botschaften abzuwerten oder gar nicht anzunehmen, bewirkt nicht nur, dass man immer seltener etwas Nettes zu hören bekommt. Es hat auch negative Auswirkungen auf die zwischenmenschlichen Beziehungen, weil man als unhöflicher oder gar arroganter Mensch in Verruf geraten kann. Auch wenn keine böse Absicht oder eigene innere Unsicherheit dahinterstecken, können andere Leute nur schwer damit umgehen.

Gutes Selbstmarketing in Sachen Lob und Komplimente sieht so aus:

- wirklich innerlich annehmen, was der andere sagt,
- sich darüber freuen und das auch zeigen,
- sich dafür bedanken,
- eventuell nachfragen, was genau gemeint ist.

ÜBUNG

Wie gehen Sie mit Lob um?

Überlegen Sie, ob Sie es anderen leicht machen, positiv auf Sie zuzugehen.

- Wie fühlen Sie sich, wenn Sie positives Feedback bekommen? Freuen Sie sich oder ist es Ihnen eher peinlich?
- Was sagen Sie? Bedanken Sie sich voller Freude, spielen Sie es herunter oder lenken schnell ab?
- Wie reagieren Sie nonverbal?
- Wie reagieren Sie körperlich (rot werden, Herzklopfen, ...)?
- Loben Sie sich auch manchmal selbst?

Mit dem Chef im Gespräch bleiben

Dass die Qualität der zwischenmenschlichen Beziehung ganz wesentlich mitbestimmt, wie sehr andere Sie und Ihre Leistungen zur Kenntnis nehmen und schätzen, gilt natürlich auch für den Vorgesetzten. Leider gehen manche auf Distanz zu ihrem Chef oder setzen sich selbst unter Druck und erschweren dadurch einen positiven und konstruktiven Umgangston. Bitte tun Sie sich selbst einen Gefallen und gestalten Sie auch die Beziehung zu Ihrem Vorgesetzten aktiv mit. Ergreifen Sie die Initiative. Sie können

- immer grüßen, wenn Sie Ihrem Chef begegnen, und auch mal von sich aus ein Gespräch beginnen,
- sich auf einen Dialog einlassen, wenn Ihr Vorgesetzter Sie anspricht,
- sich in Mitarbeitergesprächen einbringen,
- sich bei bestimmten Gelegenheiten (Geburtstag, Urlaub, Geschäftreise) melden,
- mal um Rat fragen,
- sich bedanken oder ein Kompliment aussprechen.

Seien Sie nicht schüchtern oder distanziert, wenn der Chef sich erkundigt, wie es so läuft. Viele Mitarbeiter beschränken sich auf ein nichtssagendes »Ganz gut, es ist alles in Ordnung«. Natürlich ist es wichtig, dem Vorgesetzten keine Zeit zu stehlen. Aber auf seine Frage einzugehen ist auch ein Zeichen von Interesse, Höflichkeit und Respekt. Wenn Sie unsicher sind, können Sie ja fragen, ob Ihr Chef kurz Zeit hat. Das ist eine gute Gelegenheit, um erstens Ihre Arbeit und Ihre Leistungen offensichtlicher zu machen und zweitens die Beziehung zu Ihrem Vorgesetzten zu pflegen. Bitte vergessen Sie nicht: Auch Ihr Chef ist nur ein Mensch. Machen Sie es ihm leicht, auf Sie zuzukommen, und gehen Sie auch mal von sich aus auf ihn zu. So schaffen Sie übrigens die beste Grundlage, um auch mal etwas Kritisches anzubringen.

Auch schriftlich
gut kommunizieren

Im Berufsleben haben wir sehr viel auf schriftlicher Ebene miteinander zu tun. Ob bei E-Mails, Angeboten oder Rechnungen, die Korrespondenz hat bei Angestellten und Selbstständigen einen wesentlichen Einfluss darauf, wie man sie wahrnimmt und anerkennt.

Beispiel: Der neue Geschäftsführer schreibt seine Briefe selbst. Als seine Assistentin diese sieht, stockt ihr der Atem: Die Briefe strotzen nur so vor Rechtschreibfehlern. Das ist ihr peinlich, weil man vermuten könnte, dass sie als Sekretärin verantwortlich ist, und weil die Briefe auch das Bild des Unternehmens mitprägen. Sie spricht ihren Chef an. Dieser besteht darauf, dass alles in Ordnung sei. Das Resultat: Er verliert an Ansehen und wird auch weiterhin bei Briefempfängern einen schlechten Eindruck machen oder sogar als »dumm« dastehen.

Rechtschreibung und Grammatik müssen sitzen. Auch wenn offensichtliche Flüchtigkeitsfehler kein Drama sind, sollte man diese möglichst vermeiden. Klingt banal? Dann sehen Sie sich mal die Geschäftskorrespondenz an, die bei Ihnen täglich ankommt. Angebote, Briefe, E-Mails sind häufig gespickt mit Tipp- und Formatierungsfehlern. Sofern Sie also wissen, dass Sie mit Kommasetzung oder Rechtschreibung so Ihre Schwierigkeiten haben, dann polieren Sie diese auf: durch einen Kurs, entsprechende Handbücher oder indem Sie einen Kollegen bitten, Korrektur zu lesen.

TIPP

Fremdsprachen

→ Wer oft in einer Fremdsprache korrespondieren muss, sollte auf jeden Fall seine Sprachkenntnisse auf Vordermann bringen. Fehler machen nicht nur keinen guten Eindruck, sondern können auch zu Missverständnissen führen.

Was ist inhaltlich wichtig?

Gute Korrespondenz berücksichtigt inhaltlich folgende Aspekte:

- Der Empfänger erkennt auf den ersten Blick, worum es geht (Betreff/ Briefeinstieg).
- Sie bringt den Inhalt auf den Punkt.
- Sie ist individuell verfasst (im Gegensatz zum »Serienbrief-Charakter«) und spricht den Empfänger persönlich an.
- Sie ist aus Sicht des Empfängers verfasst.
- Sie bringt die Angelegenheit weiter: das heißt, dass Sie das Anliegen konkret benennen und sagen, wie es weitergehen kann, beziehungsweise das Problem des Empfängers wird klar aufgegriffen und gelöst.

Fällt Ihnen Briefeschreiben nicht so leicht? Dann versuchen Sie nicht, alles auf Anhieb perfekt zu formulieren und knapp, aber aussagekräftig aufs Papier zu bringen. Schreiben Sie im ersten Durchgang alles runter, was und wie es Ihnen in den Sinn kommt. Sonst riskieren Sie, unnötig lange zu brauchen oder sogar den Faden zu verlieren. Im zweiten Durchgang können Sie sich um das »kurz und knackig« kümmern, indem Sie es noch einmal durchlesen mit dem Zweck, Unnötiges zu streichen.

Denken Sie bitte immer auch daran, dass es manchmal besser ist, mit jemandem direkt zu sprechen. Gerade, wenn etwa Rückfragen zu erwarten sind, oder auch bei Reklamationen oder Ähnlichen, ist es in der Regel besser, zum Telefonhörer zu greifen oder das persönliche Gespräch zu suchen. Bitte verstecken Sie sich niemals hinter der Schriftform!

Stil und Wirkung

Erstaunlicherweise hält sich in der Geschäftskorrespondenz noch immer ein etwas verstaubter Briefstil. Wie ist das bei Ihnen? Lesen Sie sich Ihre Briefe doch einmal laut durch: Sprechen Sie auch so? Oder finden Sie es eigentlich ziemlich lustig, was Sie da plötzlich für einen Ausdruck an den Tag legen?

Do's und Dont's beim Briefeschreiben

+ Lieber kurze, prägnante Sätze. Wandeln Sie Schachtelsätze in mehrere Sätze um (wenn Sie beim Vorlesen Luft holen müssen, ist der Satz zu lange).

− Zu lange Sätze erschweren nicht nur die Lesbarkeit, sondern führen leider auch oft zu Fehlern.

+ Aktiv statt passiv: »Wir konnten den Umsatz steigern« statt »der Umsatz konnte gesteigert werden«.

− Der Hauptwortstil wirkt sperrig und erinnert an das typische »Behördendeutsch«.

+ Lösen Sie Hauptwörter in Verben auf: Dies ist nicht nur angenehmer zu lesen und leichter verständlich, sondern wirkt auch lebendiger.

− Altmodische Formulierungen lassen auf einen wenig dynamischen Verfasser schließen.

− Serienbrief-»Charme« sagt dem Empfänger, dass Sie sich wenig Mühe gegeben haben.

+ Schriftstücke immer personalisieren: wenn Sie mit Textbausteinen arbeiten, diese immer individuell verändern.

− Veraltete Abkürzungen (»z. Hd.«) zeigen, dass Sie nicht auf der Höhe der Zeit sind.

Der Stil Ihrer Korrespondenz bestimmt maßgeblich deren Wirkung auf den Empfänger.

Häufig verstecken sich Menschen bei der Geschäftskorrespondenz hinter einem »wir«. Anstatt beispielsweise klar zu sagen, dass man einen Fehler gemacht hat, kommt ein ominöses »wir« ins Spiel (was gleichbedeutend damit ist, keine Verantwortung zu übernehmen). Überlegen Sie sich immer gut, wann ein »wir« angebracht ist, zum Beispiel wenn Sie für das Team oder das Unternehmen sprechen – stehen Sie ansonsten zum direkten »Ich«.

Reaktionszeiten kurz halten

Das kennen Sie sicher auch: Sie haben Unterlagen angefordert und diese liegen schon jetzt in Ihrem Briefkasten. Wow! Oder aber Sie haben eine E-Mail verschickt und nach drei Tagen hat sich immer noch niemand gemeldet. Reaktionszeiten sind ein ganz wesentlicher Aspekt für Ihr Selbstmarketing, sowohl intern als auch extern. Ganz egal, wie viel Sie zu tun haben, einen Kunden oder Kollegen interessieren solche Details überhaupt nicht. Für diesen zählt, ob er mit seinem Anliegen bei Ihnen angekommen ist und nun merkt, dass Sie

- sich kümmern,
- für ihn da sind,
- die Sache im Griff haben,
- kompetent (re)agieren.

Auch wenn es keine pauschale Regel gibt, wie schnell man reagieren muss, sind besonders durch die elektronische Korrespondenz die Erwartungen deutlich gestiegen. Konnte man früher noch 1 bis 2 Tage der Post »zuschieben«, kommen E-Mails praktisch sofort beim Empfänger an. Wenn Sie einmal nicht in angemessener Zeit reagieren können, dann geben Sie auf jeden Fall einen kurzen (individuellen) Zwischenbescheid, entschuldigen Sie sich für die Verzögerung und sagen Sie klar, bis wann Sie sich melden werden.

Firmeninterne Korrespondenz

Wie ist es in Ihrer Firma? Haben externe Anfragen eine höhere Priorität? Werden interne Anliegen gerne mal hintangestellt? So schön es ist, dem Tagesgeschäft Vorrang zu geben, so unschön können die Folgen für Ihr Ansehen bei Chef und Kollegen sein. Alles, was Sie intern von sich geben, wirkt sich immer auch darauf aus,

- wie sehr man Sie als Mitarbeiter schätzt,
- wie präsent und kompetent Sie wirken,
- wie man Ihre Leistungen und Eigenpräsentation wahrnimmt.

Und diese Einschätzungen haben sehr große Auswirkungen auf Position, Gehalt, Verantwortungsgrad und die Zusammenarbeit.

»Tue Gutes und rede darüber«, heißt es. Besonders firmenintern haben Sie viele Möglichkeiten, Ihre Leistungen auch schriftlich in den Mittelpunkt zu rücken. Protokolle, Statusberichte, E-Mails an Chef oder Kollegen bieten immer die Möglichkeit, geschickt zu formulieren, was Ihre persönlichen Leistungen angeht. Damit ist natürlich nicht Schönfärberei gemeint! Vielmehr ist es eine Anregung, sich an die eigene Nase zu packen und festzustellen, ob Sie hier Chancen vergeben, indem Sie unabsichtlich ungeschickt und damit nachteilig für sich selbst formulieren oder Ihre eigene Leistung mindern oder überhaupt nicht mit einbringen.

Beispiel: Zwei Wochen lang muss eine Mitarbeiterin zwei Kolleginnen vertreten. Sie kann das Tagesgeschäft durch zahlreiche Überstunden aufrechterhalten, doch die Ausarbeitung einer neuen Website schafft sie einfach nicht komplett. Da dieses Projekt nicht brandeilig ist, hat sie es bewusst hintangestellt. In Ihren Statusbericht schreibt sie: »Leider habe ich das Website-Projekt noch nicht ganz fertig. Es fehlen jedoch nur noch zwei Rubriken. Ich werde es, wenn wir wieder vollzählig sind, sofort abschließen.« Die Teamassistentin versäumt es hier nicht nur, dem Chef die Gründe für das Zurückstellen des Projektes darzulegen, sondern auch, ihren Extra-Einsatz zu vermitteln. Abgesehen davon wäre es natürlich noch besser gewesen, dem Chef rechtzeitig Rückmeldung über die terminlichen Probleme zu geben und mit ihm eine Verschiebung des Projektes zugunsten des Alltagsgeschäfts zu vereinbaren.

ÜBUNG

Optimieren Sie jetzt Ihre Selbstorganisation

Nutzen Sie also auch den schriftlichen Weg dazu, um Ihre Leistungen, Ihren Ideenreichtum und Ihre Kompetenz zu beweisen. Zum Beispiel, indem Sie Ihre persönliche Selbstorganisation auf Vordermann bringen – und gleichzeitig firmenintern die Korrespondenz optimieren. Profilieren Sie sich doch, indem Sie einmal prüfen, welche internen Schriftstücke überhaupt nötig sind. Vielleicht sogar in Zusammenarbeit mit Kollegen:

Listen Sie alle Schriftstücke auf, mit denen Sie beruflich zu tun haben. Gehen Sie dabei detailliert auf die einzelnen Arten ein (zum Beispiel Berichte: wöchentlicher Abteilungsbericht, monatlicher Verkaufsreport, Quartalsbericht, Projekt-Zwischenbericht). Notieren Sie zu jedem Punkt:

- Wer bekommt das Dokument? In welchen Intervallen ist es fällig?
- Wie lange brauchen Sie dafür?
- Für wie nötig halten Sie das Dokument? Was würden Sie verbessern?

E-Mail-Etikette beachten

- Eine gute E-Mail hat immer eine aussagekräftige Betreffzeile.
- Schreiben Sie nie zu lange E-Mails: Auch Ihr Empfänger hat vermutlich ein überfülltes Postfach und wird es Ihnen danken, wenn Sie klar und ohne große Umschweife auf den Punkt kommen.
- Achten Sie – gerade auch intern – auf einen höflichen und konstruktiven Ton!
- Soll der Empfänger etwas tun? Dann konkretisieren Sie immer auch ganz genau, was und bis zu welchem Termin. So kann sich die andere Person darauf einstellen und es kommt zu keinen Missverständnissen hinsichtlich Inhalt oder Deadline.
- Nehmen Sie immer nur die wirklich nötigen Empfänger in den Verteiler auf. cc-Empfänger werden lediglich informiert und müssen selbst nichts tun.
- Bei Empfängern im bcc-Feld (»blind carbon copy«) ist für den Hauptempfänger nicht ersichtlich, wer die E-Mail noch erhält. Wichtig: Bei E-Mails oder Mail-Newslettern an Kunden und Geschäftspartner ist es außerdem eine Sache des Datenschutzes, dass Sie die Empfängerliste nicht allgemein veröffentlichen, sondern mit bcc-Funktion schicken.
- Wenn Sie E-Mails an andere Empfänger weiterleiten, achten Sie bitte immer auch darauf, wie die Ursprungsmail aussah. Eine E-Mail ist manchmal wie ein vertrauliches Gespräch und da wäre es ein Vertrauensmissbrauch und auch eine Quelle von Missverständnissen, wenn man eine E-Mail im O-Ton weiterverschickt.
- Natürlich gilt auch: Beim Formulieren einer E-Mail immer daran denken, dass Sie sich hier schriftlich verewigen. Sie sollten also immer hinter Inhalt und Formulierungen stehen können. Das geht am besten, wenn Sie sich fragen: »Wenn diese E-Mail öffentlich zugänglich wäre, würde ich mich dann schämen?« In solchen Fällen lieber noch mal den Wortlaut überdenken.

- Bitte keine unnötigen Dateianhänge: Diese halten den Empfänger nur auf. Wenn Sie Zusatzinformationen mitschicken, prüfen Sie, ob Sie diese nicht verkürzt in Ihrer E-Mail wiedergeben können oder die Anlage eventuell abspecken, damit der Empfänger ohne große Recherche erkennt, was wichtig ist.
- Dateianlagen immer auf Viren prüfen (stets aktueller Virenscanner!).
- Formatieren Sie Anhänge immer so, dass sie vom Empfänger auch einwandfrei gedruckt werden können (zum Beispiel Tabellen sollten in ihrer Breite auch aufs Papier passen).
- Spaß-Dateianhänge (Bilder, Präsentationen oder Video- und Audioclips) und Kettenbriefe sind immer tabu (diese können Ihnen nicht nur Schwierigkeiten verursachen, sondern auch zu technischen Problemen des Firmenservers führen)!
- Standardanhänge wie Firmenlogos oder sonstige Verzierungen Ihrer E-Mail im HTML-Format kommen bei vielen Empfängern nicht gut an – und je nach Einstellungen im Programm werden die Mails auch nicht einwandfrei dargestellt. Darum sollten E-Mails sinnvollerweise im Textformat geschickt werden.
- In E-Mails Standardschriftarten wählen (Arial, Times New Roman oder Courier), die auf jedem Computer installiert sind. Spezielle Schriften, die der Empfänger nicht hat, werden sonst durch andere ersetzt, was Ihnen, wenn Sie Pech haben, das Layout zerstört.
- Sonderzeichen wie »€« werden nicht immer einwandfrei dargestellt. Deshalb: Gehen Sie auf Nummer sicher und wählen Sie in solchen Fällen die Langschrift. Besonders bei internationalen Empfängern – auch wenn Sie in Deutsch korrespondieren – bitte daran denken, dass eventuell der deutsche Zeichensatz nicht installiert ist. In solchen Fällen lösen Sie am besten Umlaute und »ß« auf in ae, oe, ue und ss.
- Eine deutlich abgesetzte Signatur mit allen Ihren Kontaktdaten erleichtert dem Empfänger die Zusammenarbeit oder die Kontaktaufnahme per Brief oder Telefon.

Wirkungsvoll und positiv kommunizieren

- Wie sehr man Sie schätzt und wie gut Sie bei anderen ankommen, hängt besonders von Ihren Kommunikationsfähigkeiten und Ihrem Beziehungsmanagement ab. Reine Fachkompetenz reicht nicht aus.
- Wenn Sie es anderen leicht machen, auf Sie zuzugehen und mit Ihnen zu kommunizieren, ist das nicht nur positiv für die zwischenmenschlichen Beziehungen und die Atmosphäre. Es erhöht auch die Wahrscheinlichkeit, dass andere Sie als Mensch schätzen und mögen und Ihre Leistungen anerkennen, was sich wiederum auf Ihre Karriere auswirkt.
- Mit Ihrer Kommunikation und Korrespondenz unterstützen Sie Ihr positives Image oder schaden ihm.
- Es ist überhaupt nicht verwerflich, seine Fähigkeiten und Leistungen sichtbar zu machen, stolz darauf zu sein und auch von sich aus darüber zu sprechen. Wenn Sie damit nicht nur angeben oder andere ausstechen wollen, sondern auch die Leistungen anderer ehrlich anerkennen, kommt das gut an.
- Jeder Mensch wünscht sich Offenheit bei Feedback, Lob und auch bei Kritik. Gerade, wenn jemandem etwas nicht passt, sollte er das direkte Gespräch suchen, anstatt sich heimlich zu ärgern oder gar hinter dem Rücken des Betroffenen mit jemandem zu sprechen. Gleichzeitig tut sich fast jeder Mensch mit der direkten Kommunikation schwer und vermeidet gerade kritische Themen lieber ganz. Das muss nicht sein. Durch das richtige Hintergrundwissen, eine konstruktive Einstellung und durch Übung (und etwas Mut) können Sie jedem Menschen alles sagen... auf die richtige Art!
- Gute Kommunikation ist der wichtigste Faktor für Ihren beruflichen und persönlichen Erfolg.
- Gute Kommunikation bedingt die richtige Einstellung – sich selbst und anderen gegenüber. Eine positive Haltung ist hilfreich und erleichtert den Umgang miteinander.

4 Ziele setzen und Erfolge wahrnehmen

→ Erkenntnisse sind immer nur der erste Schritt, ohne die aktive Umsetzung passiert leider herzlich wenig. Aber gerade persönliche Veränderungen erfordern etwas Ausdauer und die Geduld, Schritt für Schritt vorzugehen. Der direkte Weg zur Image-Offensive besteht darin, sich Ziele zu setzen, diese zu verfolgen und Erfolge bewusst wahrzunehmen.

Warum Ziele ein kraftvolles Werkzeug sind

Es gibt Menschen, die sehr viel Zeit damit verbringen, ihren Urlaub zu planen, sich aber nie wirklich Gedanken über ihr Leben und ihre persönliche Weiterentwicklung machen. Dabei ist es mit der Lebensplanung ganz genauso wie mit dem Urlaub: Wenn Sie sich vorher damit auseinander setzen, was Sie von Ihrem Urlaub erwarten, welche Aspekte Ihnen wichtig sind und welchen Preis Sie dafür zu bezahlen bereit sind (wobei »Preis« hier im weitesten Sinne zu sehen ist), dann erhöhen Sie Ihre Chancen, einen Urlaub ganz nach Ihrem Geschmack zu verbringen. Natürlich gibt es – genauso wie im Leben – keine Garantien, dass immer alles so läuft, wie man es sich vorstellt. Entsprechend sollte man mit dem Begriff »Ziele« auch immer flexibel umgehen und sich davon weder auf alle Zeiten festgelegt noch unter Druck gesetzt fühlen.

Alles komplett dem Zufall zu überlassen, besonders wenn es um Ihre Persönlichkeit und Ihre Lebensqualität geht, ist natürlich möglich. Nur bewegen Sie sich damit sehr passiv durchs Leben. Und wenn Sie Pech haben, kommt der ersehnte Zufall nicht oder erst sehr spät.

Interessanterweise wirkt es sich auch auf Ihre Ausstrahlung aus, wenn Sie wissen, was Sie wollen. Wer sich selbst ernst nimmt und danach strebt, die kleinen und großen Ziele wahr zu machen, der tritt ganz anders auf. Zielstrebigkeit ist eine Eigenschaft, die im Berufsleben sehr geschätzt wird. Nicht zu verwechseln mit übertriebenem Ehrgeiz und Ellbogenmentalität.

In welcher Beziehung machen Sie sich Gedanken darüber, was Sie erreichen möchten? Denken Sie dabei an konkrete Beispiele aus Ihrem beruflichen und persönlichen Alltag.

Es lohnt sich, gerade dieser Frage mehr Aufmerksamkeit zu schenken. Denn oft steckt man sich selbst in bestimmte Schubladen und bemerkt nicht, dass man in einem Lebensbereich sehr zielgerichtet und strukturiert vorgeht, in anderen erstaunlicherweise überhaupt nicht. Hinterfragen Sie das! Vielleicht erscheint es Ihnen »machbarer«, sich über die Ziele einer Kundenaktion Gedanken zu machen als über Ihre Berufsperspektiven. Wenn ja: Warum ist das so? Haben Sie das Gefühl, hier zu wenig beeinflussen zu können? Fühlen Sie sich sicherer mit der Firma »im Rücken«? Oder sind Sie bisher schlichtweg gar nicht auf die Idee gekommen, sich mal zu fragen, was Sie gerne erreichen würden?

Ziele sind übrigens gar nicht immer groß. Und Zielstrebigkeit bedeutet auch nicht, dem Ehrgeiz nach Karriere zu verfallen. Ein »Ziel« kann auch etwas sehr Kleines sein, das Ihnen wichtig ist, und es muss auch nicht mit großer Mühe verbunden sein, wie etwa Ihren Schreibtisch aufzuräumen.

Für das Erreichen von Zielen ist es wichtig,

- sie erst mal zu erkennen und zu konkretisieren,
- die Motivation zu hinterfragen,
- etwaige Bedenken oder Hindernisse wahrzunehmen,
- realistische (also grundsätzlich erreichbare) Ziele zu setzen,
- bei größeren Zielen kurz-, mittel- und langfristig zu planen,
- Zwischenziele zu setzen – und Erfolge zu feiern (mehr dazu ab → Seite 114).

Es ist sehr wichtig, nicht zu schnell voranzupreschen, sondern immer erst zu hinterfragen: Warum möchte ich dieses oder jenes erreichen? Was erwarte ich davon? Denn nur dann können Sie sichergehen, dass

Sie sich nicht auf die falsche Fährte begeben und das Ziel auch wirklich Ihres ist (und nicht etwa eines, das Ihnen durch die Außenwelt als erstrebenswert präsentiert wird).

Ziele kommunizieren

Sie wissen ja, nur wenn man weiß, was man möchte, kann man auch entsprechend darauf hinarbeiten. Wenn wir unser Thema Selbstmarketing betrachten, bedeutet das:

- Wenn Sie sich aktiv weiterentwickeln und an Ihrer Persönlichkeit arbeiten möchten, dann müssen Sie vorher wissen, wozu Sie eine Veränderung anstreben und in welcher Form.
- Es ist wichtig, seine Ziele auch bekannt zu machen.

Beispiel: Eine Sekretärin interessiert sich sehr für Computer und kümmert sich firmenintern um Anwenderfragen. Als sie erfährt, dass eine Programmierarbeit an einen externen Dienstleister vergeben werden soll, ist ihr erster Impuls, sich enttäuscht zurückzuziehen. Offensichtlich traut man ihr dieses Projekt nicht zu. Nachdem sie ihre Chefin darauf angesprochen hat, stellt sich heraus: Diese weiß gar nicht, dass die Mitarbeiterin programmieren kann und sich dafür überhaupt interessiert. Sie ist hocherfreut, dass sie den Auftrag nicht außer Haus geben muss.

Egal, worum es geht: Erzählen Sie Ihrer Umwelt von Ihren Interessen und Ihren Zielen. Denn nur dann kann man Ihnen dabei behilflich sein, diese zu erreichen. Wenn es um neue Aufgaben innerhalb Ihres Jobs geht, dann ist die richtige Ansprechperson nicht der Kollege am Nebenschreibtisch, sondern der Chef. Wer selbstständig ist und gerne weitere Leistungen für einen Kunden übernehmen möchte, der sollte auch das offen ansprechen. Vielleicht weiß Ihr Kunde gar nicht, was Sie sonst noch zu bieten haben.

Sich selbst auf die Schulter klopfen

Fast jeder wünscht sich Anerkennung von anderen. Erstaunlich ist aber, dass viele Menschen sich selbst überhaupt nicht anerkennen! Im schlimmsten Fall geht das sogar so weit, dass sie sich selbst kritisieren und unter Druck setzen. Im günstigeren Fall nehmen sie »nur« nicht wahr, was sie können und geleistet haben.

Erfolgreiches Selbstmarketing bedingt jedoch, dass man weiß, was man kann und erreicht hat – nur dann kann man das auch nach außen vertreten und es wirkt sich automatisch auf Ihr Selbstvertrauen und Ihre Ausstrahlung aus. Eine typische Situation ist eine Gehaltserhöhung: Nur wenn man seinem Chef die eigene Leistung auch überzeugend darlegen kann, hat man eine realistische Chance.

Wie stehen Sie zu Erfolg?

Gehören Sie auch zu den Menschen, die eher ihre Schwächen oder Misserfolge wahrnehmen? Das ist leider sehr weit verbreitet, Erfolge und Fortschritte fallen unter den Tisch, werden als selbstverständlich angesehen oder sind ein kurzes Strohfeuer, das schnell im Schein der noch nicht erreichten Dinge verblasst.

Tun Sie sich den Gefallen und betrachten Sie den Begriff »Erfolg« differenziert. Es geht keineswegs nur um die großen Dinge im Leben, die gemeinhin als Erfolg gelten (zum Beispiel eine Beförderung, ein dickes Bankkonto). Denken Sie auch an die kleinen Schritte: Dass Sie sich getraut haben, Ihre Meinung zu vertreten. Dass Sie eine Rede vor einem Dutzend Leute gehalten haben. Dass Sie einen weiteren Kunden akquiriert haben.

ÜBUNG

Wie definieren Sie Erfolg?

Denken Sie in Ruhe über diese Fragen nach und notieren Sie sich (eventuell auf einem Extra-Blatt) alles, was Ihnen dazu einfällt:

- Was ist Erfolg im Leben?

  ____

  ____

- Wann sind Sie erfolgreich im Beruf?

  ____

  ____

- Wie beschreiben Sie Erfolg für Ihren direkten Arbeitsbereich?

  ____

  ____

- Wann sind Sie erfolgreich, wenn es um einzelne Projekte, Eigenschaften oder Fähigkeiten geht?

  ____

  ____

Die Veränderung persönlicher Eigenschaften geht einem oft zu langsam. Man hat sich etwas vorgenommen, kann aber gar nicht recht einschätzen, ob es schon zu positiven Veränderungen gekommen ist. In solchen Fällen lohnt es sich, sich auf das Feedback anderer zu besinnen oder aktiv Rückmeldung dazu einzuholen. Wie schätzen andere Sie ein, was finden sie toll an Ihnen, welche Veränderungen haben sie beobachtet? Das hilft Ihnen, beim Feilen an Ihrem Selbstmarketing auf Kurs zu bleiben und sich selbst zu motivieren.

Wer sich seiner Erfolge bewusst ist und sich selbst auch Anerkennung zollt, profitiert also vielfältig:

- Ihre Motivation steigt.
- Sie können sich besser einschätzen, aktiv und gezielt weiterentwickeln.
- Ihre Fortschritte werden sichtbar.
- Sie können sich besser verkaufen.
- Ihr Zutrauen in die eigenen Fähigkeiten und Möglichkeiten steigt.

Wie Sie bei anderen über Ihre Erfolge sprechen können, ohne als Angeber zu gelten, erfahren Sie ab → Seite 91.

Zollen Sie sich Anerkennung!

Sich selbst anzuerkennen kann man lernen. In Kapitel 1 sind wir bereits auf die grundlegende Notwendigkeit eingegangen, sich konkret der eigenen Qualitäten und Fähigkeiten bewusst zu werden (→ Seite 11ff.). Darüber hinaus können Sie folgende Alltagsübung nutzen:

Achten Sie auf ganz alltägliche Dinge. Haben Sie einen gut strukturierten Schreibtisch? Können Sie mit Ihrer freundlichen Art aufgebrachte Kunden schnell beruhigen? Kommen Kollegen gerne zu Ihnen, um Sie zu fragen, wie Sie am besten einen Brief formulieren können? Wenn Sie versucht sind, eine Fähigkeit als »selbstverständlich« abzutun, dann vergleichen Sie sich mit anderen: Welcher Ihrer Kollegen kann das eben nicht, was Sie können? Nehmen Sie diese Dinge wahr und ziehen Sie – zum Beispiel jeden Abend für drei bis fünf Minuten – konkret Bilanz: Was ist mir gut gelungen/was habe ich besonders gut im Griff? Warum? Welche meiner Fähigkeiten und Eigenschaften kann ich dafür gut nutzen?

DAS TAGES-ABSCHLUSS-RITUAL Machen Sie es sich zur Gewohnheit, den Arbeitstag damit zu beschließen, ein Resümee zu ziehen: Was habe ich heute alles geschafft (konkret werden!)? Worauf bin ich besonders stolz? Was ist mir, auch an Kleinigkeiten, gut gelungen? Was habe ich an positivem Feedback von anderen erhalten?

Damit finden Sie nicht nur einen positiven Abschluss für den Arbeitstag, sondern trainieren zudem täglich Ihre Fähigkeit, sich auch selbst anzuerkennen!

AUF EINEN BLICK

Ziele setzen und Erfolge wahrnehmen

- → **Für eine bessere Ausstrahlung und mehr Präsenz ist es wichtig,** die eigenen Ziele zu kennen. Denn nur wenn Sie wissen, was Sie erreichen möchten, können Sie auch aktiv die Ärmel hochkrempeln.
- → **Ziele sind nicht immer nur große Entscheidungen.** Es geht auch um die kleinen Aspekte des Lebens, die einem wichtig sind.
- → **Wenn Sie sich etwas vornehmen,** egal ob es ein »äußeres Ziel« (zum Beispiel eine neue Position, eine Weiterbildung) oder ein »inneres Ziel« ist (etwa souveräner, mutiger zu werden): Konkretisieren Sie immer genau, was Sie damit meinen und was für Sie dazugehört. Woran werden Sie es festmachen, dass Sie Fortschritte gemacht haben? Welche Zwischenziele können Sie setzen?
- → **Auch die Motivation hinter dem Ziel** ist sehr wichtig. Warum möchten Sie etwas Bestimmtes gerne erreichen und was erwarten Sie sich davon? Manchmal zieht man falsche Schlüsse (»wenn ich mehr Geld verdiene, bekomme ich automatisch mehr Anerkennung«) oder läuft einem Ziel hinterher, das gar nicht das eigene ist (»in den Medien steht immer, man soll eine typische Karriere anstreben«).
- → **Erkennen Sie sich selbst an!** Freuen Sie sich über Erfolge, auch wenn es kleine sind, und loben Sie sich selbst, wenn Ihnen etwas gut von der Hand ging!

Ihr Fahrplan für Veränderungen

Wie geht es nun weiter? Machen Sie jetzt unbedingt Nägel mit Köpfen! Auf den Folgeseiten finden Sie einige Übungen, die Ihnen dabei helfen, die gelesenen Kapitel zu überdenken und sich zu entscheiden, welche Veränderungen Sie anstreben und welche Maßnahmen Sie konkret ergreifen werden, um diese zu erreichen.

Schritt 1: Fassen Sie Ihre Ziele zusammen

In den Übungen »Wie charakterisieren Sie sich?« (→ Seite 13), »Was sind Ihre Stärken?« (→ Seite 14) und »Was sind Ihre Schwächen?« (→ Seite 16) hatten Sie eine erste Bestandsaufnahme vorgenommen, wer Sie sind und was Sie können. Lesen Sie sich ihre Antworten noch einmal durch und tragen Sie im gegenüberliegenden Übungsblatt diejenigen Eigenschaften ein, bei welchen Sie noch Verbesserungspotenzial bei sich sehen, und zudem die Fähigkeiten, an denen Sie arbeiten möchten. Machen Sie dasselbe in Bezug auf die beruflichen Fähigkeiten und Eigenschaften (siehe Ihre Ergebnisse zu den Übungen »Wichtige Kenntnisse und Fähigkeiten in meiner Position« → Seite 39 und »Ihre persönlichen Eigenschaften« → Seite 40). Nehmen Sie auch Ihre verbale und nonverbale Art, sich darzustellen und mit anderen in Kontakt zu treten, unter die Lupe (siehe Übungen »Wie sehen Sie sich selbst als Gesprächspartner?« (→ Seite 71) und »Wie gehen Sie mit Lob um?« → (Seite 99)).

Tragen Sie in Bezug auf Ihre verbale und nonverbale Kommunikation diejenigen Eigenschaften und Fähigkeiten in das Übungsblatt ein, die Sie optimieren möchten.

Welche Ziele möchten Sie erreichen?

In Bezug auf meine persönlichen Eigenschaften möchte ich an folgenden Punkten arbeiten:

____

____

____

____

In Bezug auf meine beruflichen Fähigkeiten und Kenntnisse möchte ich an folgenden Punkten arbeiten:

____

____

____

____

In Bezug auf meine verbale und nonverbale Kommunikation möchte ich an folgenden Punkten arbeiten:

____

____

____

____

Schritt 2: Konkretisieren Sie Ihre Ziele

Ihre einzelnen Ziele können Sie nun Schritt für Schritt genauer unter die Lupe nehmen. KOPIEREN Sie sich das Übungsblatt mehrmals und füllen Sie es für jedes Ihrer Ziele aus.

So könnten Sie zum Beispiel für das Ziel »Ich will mutiger werden!« im Einzelnen formulieren:

- Ich will mutiger werden.
- Mut im Beruf bedeutet für mich, dass ich mich einerseits traue, meine Meinung offen zu sagen, und dass ich andererseits auch mehr Zutrauen in meine Kompetenz habe. Bisher bereite ich mich beispielsweise endlos vor, weil ich immer das Gefühl habe, es reicht noch nicht. Dabei verliere ich nicht nur Zeit, weil ich mit der Vorbereitung übertreibe, sondern ich setze mich auch total unter Druck.
- Ich erhoffe mir davon, dass ich meine Ideen stärker einbringe und dass meine Umwelt mir ebenfalls mehr zutraut. Auch würde ich mich dann eher aktiv in Gespräche einbringen und nicht immer nur die Beobachterrolle einnehmen.
- Im ersten Schritt werde ich üben, mehr Struktur in meine Ideen zu bringen, und Pro und Contra näher ausführen. Ich werde zunächst bei Gesprächen mit Leuten, bei denen ich mich wohl fühle, meine Meinung sagen, um mich so auch für mich daran zu gewöhnen, dass ich mich aktiver einbringe. Weiterhin werde ich ganz bewusst zuhören, wenn andere ihre Meinung sagen. Dadurch erkenne ich, dass auch andere »nur mit Wasser kochen« und mitzureden nicht davon abhängt, dass alles hundertprozentig ausgereift ist.
- Bisher habe ich viele Bücher dazu gelesen, die Grundlagen sind mir also klar und eigentlich weiß ich, wie es geht. Es fehlt nur an der Umsetzung. Um sicherer vor anderen zu werden, werde ich außerdem einen Theaterkurs bei der VHS besuchen.

ÜBUNG

Die Konkretisierung Ihrer Ziele

Welche Eigenschaft/Fähigkeit will ich verbessern?

Was bedeutet diese Eigenschaft/Fähigkeit für mich persönlich, was gehört dazu?

Wie schätze ich mich dazu momentan konkret ein?

Warum möchte ich diese Fähigkeit verbessern/was erhoffe ich mir davon?

In welcher Weise werde ich daran arbeiten?

Was habe ich bisher bereits dazu getan und mit welchem Erfolg?

Welche Hindernisse sehe ich?

Welche Unterstützung hole ich mir?

Schritt 3: Sortieren und strukturieren Sie

Nehmen Sie sich Ihre Ausarbeitung aus Schritt 2 vor:

- Was gehört zusammen? Woran können Sie parallel arbeiten? (Beispiel: Eigenschaften wie »keine Angst vor dem Rotwerden«, »mehr Sicherheit beim Reden vor anderen« und »mutiger werden« lassen sich gemeinsam angehen, etwa durch Rhetorik- und Präsentationstraining.)
- Welche kleineren Aspekte können Sie praktisch sofort umsetzen? (Beispiel: Wer organisierter werden möchte, kann gleich damit beginnen, seinen Arbeitsplatz auszumisten, neu zu ordnen, und sich zunächst darauf konzentrieren, den Schreibtisch gut zu strukturieren und diese neue Ordnung zu etablieren.)
- Was sind langfristigere Ziele? (Beispiel: Verhandlungssicher Englisch zu sprechen lässt sich durch einen schnellen Crashkurs nicht erreichen.)

Treffen Sie nun eine Vereinbarung mit sich selbst, was die Umsetzung angeht. Machen Sie sich auch Gedanken über Zwischenziele. So können Sie deutlicher Ihre Fortschritte erkennen und sich über Ihre Erfolge freuen.

- Wie erkenne ich, wenn ich Fortschritte mache?
- Woran mache ich es fest, wenn ich mein Ziel erreicht habe?

Schritt 4: Erfolgskontrolle

Tragen Sie Ihre Ziele in die Übersicht auf der gegenüberliegenden Seite ein und halten Sie Ihre eigenen gesetzten Termine ein.

Wichtig ist auch hier, nicht zu große Ziele einzutragen, zum Beispiel »risikofreudiger werden«, denn das ist zu abstrakt. Halten Sie die einzelnen konkreten Bestandteile fest, die Sie in Schritt 2 festgelegt haben.

ZIEL	WANN BEGINNEN?	ZWISCHENZIELE	BIS WANN ERREICHT?

Internetadressen, die weiterhelfen

Websites rund um die Karriere, Selbstmanagement & Co:

www.selbstmarketing.de
Website der Autorinnen mit vielen Online-Tipps rund um Business und Karriere.

www.zeitzuleben.de
Ein umfassendes, sehr empfehlenswertes Onlinemagazin mit den Bereichen Persönlichkeit, Beruf und Karriere, Wellness, Gehirn und Inspiration.

www.palverlag.de/psychotipps.html
Zahlreiche Tipps (mit Hinweis auf weiterführende Literatur) von Dr. Rolf Merkle und Dr. Doris Wolf – zum Beispiel zu Erröten, Einsamkeit, Nein sagen, Image oder Tränen.

www.mwonline.de
Managementwissen online – besonders empfehlenswert: die Ideenfabrik mit Tipps zu Kommunikation, Präsentieren und Ähnlichem.

Websites rund um die Kommunikation:

www.testedich.de
Enthält viele Tests und auch Gedächtnistraining.

www.wortschatz.uni-leipzig.de
Wortschatz-Lexikon der Universität Leipzig.

www.zitate.net
Zitatesammlung

www.owad.de
Mit »one word a day« können Sie Ihr Englischvokabular aufpolieren.

www.checkliste.de
Checklisten aus dem Netz nach Themen sortiert.

www.gergey.com
Website des Texters Aurel Gergey, dort der Link »Konzentrate« (umfassende Tipps zum Thema Formulieren).

Websites rund um die Gesundheit:

www.fitness.com
Enthält Übungen für einzelne Muskelgruppen.

www.fitforfun.de
Mit Ernährungs- und Fitnesstipps (Schritt für Schritt erklärte Übungen).

www.was-wir-essen.de
Informationsseite über Lebensmittel (Anbau, Verarbeitung etc.), gesunde Ernährung und Expertenforum rund um Essen und Gewicht.

Bücher, die weiterhelfen

Rhetorik und Kommunikation

Baum, Tanja: *Die Kunst, freundlich Nein zu sagen*, Redline, Frankfurt

Hertzer, Karin: *Rhetorik im Job. In jeder Situation überzeugen*, Gräfe und Unzer Verlag, München

Kushner, Malcolm: *Erfolgreicher präsentieren für Dummies*, MITP vmi-Buch, Bonn

Martini, Anna: *Sprechtechnik – aktuelle Stimm-, Sprech- und Atemübungen*, orell füssli, Zürich

Mehrmann, Elisabeth: *Schneller zum Ziel durch klare Kommunikation. Profitipps für den beruflichen Alltag*, Bildung und Wissen Verlag, Nürnberg

Molcho, Samy: *Körpersprache*, Bassermann Verlag, München

Öttl, Christine/Härter, Gitte: *Schlagfertig*, Gräfe und Unzer Verlag, München

Rhode, Rudi/Meis, Mona S./Bongartz, Ralf: *Angriff… ist die schlechteste Verteidigung. Der Weg zur kooperativen Konfliktbewältigung*, Junfermann, Paderborn

Rupprecht-Stroell, Birgit: *Auslands-Knigge*, Gräfe und Unzer Verlag, München

Schulz von Thun, Friedemann: *Miteinander reden 1–3*, Rowohlt, Reinbek bei Hamburg

Stoffel, Wolfgang: *Geschickt fragen. So überzeugen Sie in jeder beruflichen Situation*, Walhalla, Regensburg

Networking

Öttl, Christine/Härter Gitte: *Networking*, Hoffmann & Campe, Hamburg

Wolf, Doris/Garner, Alan: *Nur Mut zum ersten Schritt. Wie Sie auf andere zugehen und sich ungezwungen unterhalten können*, PAL, Mannheim

Image und Selbstmarketing

Berger Alexandra/Sundermeier Katja: *Warum Frauen besser aussehen, als sie glauben. In 7 Schritten zu einem neuen Selbstbewusstsein,* Gräfe und Unzer Verlag, München

Reiter, Michael A.: *Ihre Ausstrahlung erkennen, entwickeln und gezielt einsetzen*, Haufe, Planegg bei München

Vorbeck, Marion: *Image-Training. Mehr Ausstrahlung, mehr Erfolg. Vom Outfit bis zum Smalltalk,* Gräfe und Unzer Verlag, München

Zeit- und Selbstmanagement

Covey Stephen R.: *Die sieben Wege zur Effektivität. Ein Konzept zur Meisterung Ihres beruflichen und privaten Lebens,* Heyne, München

Goleman Daniel: *Emotionale Intelligenz,* dtv, München

Härter, Gitte. *Ja, nein, vielleicht. Entscheidungen leichter treffen*, Bildung und Wissen, Nürnberg

Herwig, Ute Elisabeth: *Zeit-Diät. Zeit managen und Stress abbauen ohne Jojo-Effekt – das 4-Wochen-Programm*, Gräfe und Unzer Verlag, München

Jeffers, Susan: *Selbstvertrauen gewinnen. Die Angst vor der Angst verlieren,* Kösel, München

Kolb, Klaus/Miltner, Frank: *Gedächtnistraining für den Job*, Gräfe und Unzer Verlag, München

von Münchhausen, Marco: *So zähmen Sie Ihren inneren Schweinehund. Vom ärgsten Feind zum besten Freund,* Piper Verlag, München

Seiwert, Lothar*: Das neue 1 × 1 des Zeitmanagement*, Gräfe und Unzer Verlag, München

Selby, John: *Was mich stark macht. Mehr Lebensqualität durch Mind-Management*, dtv, München

Wolf, Doris: *Keine Angst vor dem Erröten. Psychologische Strategien zur Selbsthilfe*, PAL, Mannheim

Gesundheit und Entspannung

Fahrnow, Dr. Ilse Maria/Fahrnow, Jürgen: *Fünf Elemente Ernährung*, Gräfe und Unzer, München

Franklin, Eric: *Entspannte Schultern, gelöster Nacken*, Kösel, München

Grasberger, Dr. Delia: *Autogenes Training*, Gräfe und Unzer Verlag, München

Porta, Dr. Sepp/Zagler, Günther: *Gib den Stress-Hormonen, was sie brauchen!*, Kreuz Verlag, Stuttgart

Schmid-Bode, Dr. Wilhelm: *4 Stresstypen und vier Wege zu Gelassenheit*, Gräfe und Unzer Verlag, München

Register

GU Leben & Lernen

→ Einfach mehr Glück und Erfolg

ISBN (10) 3-7742-7726-5
ISBN (13) 978-3-7742-7726-7
128 Seiten | € 12,90 [D]

ISBN (10) 3-7742-7743-5
ISBN (13) 978-3-7742-7743-4
128 Seiten | € 12,90 [D]

ISBN (10) 3-7742-6953-X
ISBN (13) 978-3-7742-6953-8
144 Seiten | € 12,90 [D]

ISBN (10) 3-7742-6344-2
ISBN (13) 978-3-7742-6344-4
128 Seiten | € 9,90 [D]

ISBN (10) 3-7742-7720-6
ISBN (13) 978-3-7742-7720-5
128 Seiten | € 12,90 [D]

Mit den richtigen Entscheidungen die Weichen auf Erfolg stellen – diese Ratgeber unterstützen Sie kompetent, praxisnah und anschaulich.

WEITERE LIEFERBARE TITEL BEI GU:

- GU CLEVER LEBEN: **Einstellungstests, Vorstellungsgespräche, Unser Hochzeitsplaner, Hochzeit: Reden und Glückwünsche, Anti-Blamier-Knigge, Schriftliche Bewerbung, Gastgeber-Knigge, Rhetorik im Job**

GU

Willkommen im Leben.

Impressum

Programmleitung:
Steffen Haselbach
Leitende Redaktion:
Anita Zellner
Redaktion:
Nina Pohlmann
Lektorat:
Dunja Reulein
Titelillustration:
Gavin Reece/new divison

Umschlag und Gestaltung:
independent Medien-Design
Herstellung:
Bettina Häfele
Satz:
Uhl + Massopust, Aalen
Repro:
Fotolito Longo, Bozen
Druck und Bindung:
Druckhaus Kaufmann, Lahr

Umwelthinweis
Dieses Buch wurde auf chlorfrei gebleichtem Papier gedruckt. Um Rohstoffe zu sparen, haben wir auf Folienverpackung verzichtet.

ISBN (10)
3-7742-7725-7
ISBN (13)
978-3-7742-7725-0
Auflage 5. 4. 3. 2. 1.
Jahr 09 08 07 06 05

Wichtige Hinweise

Die Beiträge in diesem Buch sind sorgfältig recherchiert und entsprechen dem aktuellen Stand. Abweichungen, beispielsweise durch seit Drucklegung geänderte Preise, Gebühren, Anlageentwicklungen, WWW-Adressen, etc., sind nicht auszuschließen. Weder Autor noch Verlag können für eventuelle Nachteile oder Schäden, die aus den im Buch gegebenen praktischen Hinweisen resultieren, eine Haftung übernehmen.

GRÄFE UND UNZER

Ein Unternehmen der
GANSKE VERLAGSGRUPPE

DAS ORIGINAL · MIT GARANTIE · GU

Das Original mit Garantie

Ihre Meinung ist uns wichtig.

Deshalb möchten wir Ihre Kritik, gerne aber auch Ihr Lob erfahren. Um als führender Ratgeberverlag für Sie noch besser zu werden. Darum: Schreiben Sie uns! Wir freuen uns auf Ihre Post und wünschen Ihnen viel Spaß mit Ihrem GU-Ratgeber.

Unsere Garantie: Sollte ein GU-Ratgeber einmal einen Fehler enthalten, schicken Sie uns das Buch mit einem kleinen Hinweis und der Quittung innerhalb von sechs Monaten nach dem Kauf zurück. Wir tauschen Ihnen den GU-Ratgeber gegen einen anderen zum gleichen oder zu einem ähnlichen Thema um.

GRÄFE UND UNZER VERLAG
Redaktion Leben & Lernen
Postfach 86 03 25
81630 München
Fax: 089/41981-113
E-Mail: leserservice@graefe-und-unzer.de